Hallihallo,

wir sind Mimo und Pumo.
Wir haben uns für dich viele
schöne Leseübungen ausge-
dacht. Mit viel Freude sollst
du ein richtiger Leseprofi
werden.

Du kannst mit diesem Lese-
heft **selbstständig** üben. Wie
das geht, erfährst du in Aufgabe **1**. Trenne, bevor du mit
deiner Arbeit beginnst, den Lösungsteil und die Urkunde
in der Heftmitte heraus.

Nach jeder Aufgabe findest du unten in der Ecke einen
Buchstaben. Nachdem du eine Aufgabe bearbeitet und
kontrolliert hast, suchst du den passenden Buchstaben
auf deiner Urkunde und malst das Feld aus.

Im **ersten Teil** trainierst du deine **Lesefertigkeit** durch
unterschiedliche Aufgabentypen, damit du schneller und
sicherer liest. Diese grundsätzlichen Leseübungen helfen
dir im **zweiten** und **dritten Teil**. Hier übst du das **sinn-
entnehmende Lesen**. Im **vierten** und letzten **Teil** kannst
du anhand einer **Leseprobe** das Geübte anwenden.

Übrigens: Immer wenn du ein Sternchen* siehst, wird
dir dieses Wort am Seitenende erklärt.

Viel Spaß wünschen dir
Mimo und Pumo

1 Die Lemos stellen sich vor

1 Die Lesemonster das sind wir

2 und Folgendes erzählen wir dir.

3 Ich bin das **Mini**mo**n**ster Mimo,

4 im Sommer trinke ich gern Limo.

5 Ich bin das **Pu**nkte**mo**nster Pumo

6 und frage mich, was machst denn du so?

7 Am liebsten essen wir Sachen mit Buchstaben,

8 die sollen keine Zahlen haben.

9 Deshalb schmecken uns Mathebücher nicht gut,

10 vor denen sind wir stets auf der Hut.

11 Wir geben dir so manchen Tipp

12 und hoffen, wir helfen dir damit.

13 Hast du die farbigen Buchstaben gefunden?

14 Sie sind immer in den Ecken unten.

15 Trenne die Urkunde aus der Mitte heraus,

16 und male nach jeder Aufgabe den richtigen

17 Buchstaben aus.

18 Wichtig ist, kontrolliere davor genau,

19 aber das machst du sicher, denn du bist ja schlau.

20 Nach 30 Minuten solltest du eine Pause machen,

21 denn sonst gibt es bald nichts mehr zu lachen.

22 Spaß soll dir dieses Heft bringen,

23 dann wird dir sicher auch alles gelingen.

Das wünschen dir deine Lemos

1a Um welche Textart handelt es sich? Kreuze eine an.

◯ Monstertext   ◯ Gedicht   ◯ Märchen   ◯ Witz

1b Was bedeutet das Wort „Lemos"?

_____

1c Welche Überschriften passen zu den Bildern darunter?
Nummeriere!

☐ Genau kontrollieren!   ☐ Ausmalen!

☐ Pause machen!   ☐ Tipps geben!

Zeile: _____

Zeile: _____

Zeile: _____

Zeile: _____

1d Welche Zeilen des Gedichts passen zu den Bildern oben?
Schreibe die richtigen Zeilen dazu.

1e Was essen Mimo und Pumo gerne? Kreuze an!
- ○ Rechnungen, Telefonbücher
- ○ Blockschokolade, Gummibärchen, Obst
- ○ Zeitungen, Lesebücher, Postkarten

Male das Feld mit diesem
Buchstaben auf deiner
Urkunde in der
Heftmitte aus!

P ← 4

2 Nachricht an Mimo

Pumo hat Mimo eine geheime Nachricht hinterlassen.

2a Trenne zuerst die Wörter mit Strichen voneinander.

Lies auch nach dem Sinn!
Die Wörter ergeben
Sätze!

W I L L I I S T R I C H T I G T O L L R U D I E R H Ä L T F R E I T A
G F R Ü H E I N E N A C H R I C H T U T E N A S C H T S Ü S S I
G K E I T E N U N S E R E M A M A S C H R E I B T I M M E R E I
N E N B R I E F E I N N E T T E R A L T E R M A N N F Ä H R T R
O L L E R E M M A I S S T B E I A N N A D A M P F N U D E L N

2b Trage nun die Anfangsbuchstaben der Wörter unten ein.
So erfährst du Pumos geheime Botschaft.

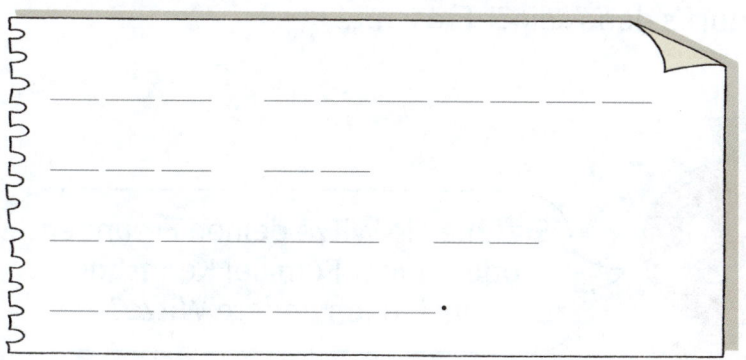

3 Monstermäßig witzig

In jedem Witz fehlt ein Wort. Setze die Wörter richtig ein.

Elfmeter zweimal Quark

Ferien Hungersnot Nachts

3a
Die Kinder messen ihre Tische ab. Die Lehrerin sagt:
„Es gibt Millimeter, Zentimeter und Meter. Wer weiß,
welches Längenmaß es noch gibt?" Franzi meldet sich:
„_____, Frau Lehrerin!"

3b
Die Schulärztin fragt Evi: „Wie viele Stunden schläfst
du täglich?" „Zwei bis drei!", antwortet das Mädchen.
„Aber das ist doch viel zu wenig!", meint die Ärztin.
„Wieso denn? _____ schlafe ich ja auch noch
acht bis zehn Stunden!"

3c
Kommt ein Frosch in den Laden. Fragt der Verkäufer:
„Was darf's denn sein?" Frosch: „_____."

Erzähle die Witze deinen Freunden
oder deiner Familie! Kennst du
auch noch andere Witze?

Tipp: Überlege dir, welche Wörter du betonen musst, damit die Witze besonders lustig sind.

3d
Eine Mutter bringt ihre Zwillinge Tim und Tom ins Bett. Tim lacht und lacht, da fragt die Mutter: „Warum lachst du denn so viel?" Darauf antwortet er: „Du hast Tom _____ gebadet und mich gar nicht!"

3e
„Also merkt euch das: Hitze dehnt aus und Kälte zieht zusammen. Wer kann mir ein Beispiel geben?" Katharina meldet sich: „Die _____ im Sommer dauern sechs Wochen, die im Winter nur zwei!"

3f
Ein dünnes und ein dickes Pferd treffen sich. Sagt das Dicke: „Wenn man dich anguckt, könnte man meinen, eine _____ ist ausgebrochen!" Darauf das Dünne: „Und wenn man dich anschaut, könnte man meinen, du bist schuld daran!"

Tipp: Übe sie zuerst für dich allein, bevor du sie anderen erzählst.

U

4 Schnipseljagd

Was ist denn da passiert?

▶ Lies die Schnipsel auf der rechten
Seite und überlege, welches Buch
dazugehört.

▶ Trage die Lösungsbuchstaben in der richtigen
Reihenfolge auf der nächsten Seite ein.

Überfliege den Text und suche passende Stichwörter, die dir helfen. Unterstreiche sie.

1 erer Sturm auf. Die Wellen wurden immer höher. Das Schiff schaukelte heftig hin und he⁻ für kl⌐r

2 viele ist er der beste reund und Hunde leben se Jahrtausenden bei der Menschen. Hunde sind eue Gefährten, sor Hüte- und

3 ch langem Vokal (Se schreibt man ß.

Auf der Straße grüße ic Kaminkehrer, er ist vol⁻ ⌐t liegst du

4 auch das Fell ist ınterschiedlich: Es iₛ ganz fehlen wie bei ⌐thund oder

5 Es waren einmal drei Brüde waren immer tiefer in Arₙ eraten, und endlich war dann H

6 n Italien stehen schönsten ⌐ehenswürdigkeiten Europas. Dazu gehören antike Städte

7 Gemeinsam schwammen schnell sie konnten und versteckten sich hinter einer Koralle. Zum Glück ware Hai entkomm

1	2	3	4	5	6	7

Lösungssatz: _____

5 Redensarten

Zu jeder Redensart gibt es eine passende **Erklärung**, ein **Bild** und ein **Beispiel**.

▶ Ordne die Nummern richtig zu.

1 Die Katze aus dem Sack lassen.

2 Jemandem Feuer unter dem Hintern machen.

3 Jemandem die Zeit stehlen.

4 Sich etwas hinter die Ohren schreiben.

5 Im Bilde sein.

Erklärungen: Das bedeuten die Redensarten.

☐ Sich etwas gut merken.

☐ Jemanden bedrängen, obwohl er keine Zeit hat.

☐ Über etwas Bescheid wissen.

☐ Endlich etwas Wichtiges erzählen.

☐ Jemanden zur Eile antreiben.

Bilder

   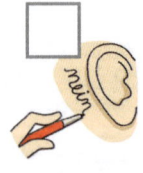 

☐ Toni hat schon wieder sein Zimmer nicht aufgeräumt. Vater schimpft: „Jetzt wird's aber wirklich
Zeit. Wenn dein Zimmer nicht gleich aufgeräumt
ist, fährst du heute nicht ins Schwimmbad. Also los
jetzt."

☐ Max kommt in die Wohnung und stottert: „Du, also,
ähm, Mama, wir haben nur ein bisschen im Garten
gespielt. Es war keine Absicht, wirklich." Mutter
meint: „Jetzt sag doch einfach, was passiert ist!"

☐ Die Lehrerin sagt zu ihrer Klasse: „Ich war zwar
letzte Woche nicht da, ich weiß aber ganz genau,
was in dieser Zeit hier alles los war."

☐ Flo ist sauer auf seine Schwester: „Ich hab dir doch
schon tausendmal gesagt, du sollst mich fragen,
bevor du dir meine CDs leihst. Merk's dir endlich."

☐ Die Verkäuferin im Supermarkt muss längst weiter
Ware in die Regale räumen. Trotzdem erzählt ihr
ein Kunde immer weiter von seinem Spaziergang.

e

6 Angebermonster

Gumpfi antwortet dreimal gleich auf Lunis Angeberei.
Doch welche Antwort betont er sinnvoll?

▶ Kreuze die Antworten an, bei denen Gumpfi
die richtigen Wörter betont.

Tipp: Lies die Antworten laut vor
und betone die unterstrichenen
Wörter. Entscheide dann, welche
Betonung am besten passt.

Luni: **Gumpfi:**

6a „Ich bin sowieso   ◯ „Nein, ich bin der <u>Beste</u> in der Klasse."
die Beste in der   ◯ „Nein, <u>ich</u> bin der Beste in der Klasse."
Klasse."   ◯ „Nein, ich bin der Beste in der <u>Klasse</u>."

6b „Ich bin ganz   ◯ „Ich bin dafür <u>besser</u> in Musik."
klar besser in   ◯ „<u>Ich</u> bin dafür besser in Musik."
Bücherweit-   ◯ „Ich bin dafür besser in <u>Musik</u>."
wurf."

6c „Dass ich nicht lache. Ich spiele zwei Instrumente."

- ⚪ „Ich <u>spiele</u> sogar drei Instrumente."
- ⚪ „Ich spiele sogar drei <u>Instrumente</u>."
- ⚪ „<u>Ich</u> spiele sogar <u>drei</u> Instrumente."

6d „Na schön. Ich habe dafür eine Eins in Matschmalen."

- ⚪ „<u>Ich</u> habe dafür eine Eins in Rückwärtslesen."
- ⚪ „Ich <u>habe</u> dafür eine Eins in Rückwärtslesen."
- ⚪ „Ich habe dafür <u>eine Eins</u> in Rückwärtslesen."

6e Pumo kommt vorbei, hört sich das Gespräch der beiden an und meint dann grinsend:

„Eines steht fest: Im Angeben seid ihr beiden jedenfalls gleich gut!"

▶ <u>Unterstreiche</u> die Wörter, die Pumo besonders betonen sollte.

w

7 Silben tauschen

7a Bei welchen Wörtern macht Josefine Fehler? Unterstreiche sie und schreibe sie richtig auf.

> Guten Tag, mein Name ist Fisejone. Nein, Dischulentgung, Josefine. Seit einer Woche geht bei mir so einiges schief. Auf dem Jahrmarkt traute ich mich auf eine Rutsenriesche. Doch als ich unten ankam, wurde mir erst schrecklich schwindelig, danach ging es mit dem Aneindurchder los. Als ich beim Bäcker Kubeererdchen bestellte, sah mich die Verkäuferin mit großen Augen an. Auch meine Freundin verstand nicht, was ich mit Büthemacher meinte. Wie soll das nur geterweihen? Ich hoffe, mir kann bald jemand helfen.

Josefine, _____

_____

_____

_____

7b Welche Wörter wollte Josefine hier sagen?
Schreibe sie richtig auf.

Vamenbluse = _____

Auzeugspielto = _____

Treplerkelpe = _____

Urmersomlaub = _____

7c Wie bildet Josefine ihre Unsinnswörter? Erkläre!

_____

_____

_____

> Sieh dir zunächst die Lösung von
> Aufgabe **7c** an! Denke dir dann auch
> zwei Unsinnswörter aus!

_____

8 Handy-Sprache

1
Hi Suse. Max ist so fies. Hab Ben ne Nachricht geschrieben. :-) hdgdl

2
Hi Mia. Vllt meinte er es nicht so. Hab Nachhilfe. Unser Treffen danach gkla.

3
Mathe war öde. Hab Mia geärgert. Sie wurde :-@ Muss nachsitzen. Komm später.

8a Wer schrieb welche Nachricht?

1 ——————— **2** ——————— **3** ———————

8b Was bedeuten folgende Abkürzungen und Zeichen? Verbinde.

:-@ ●——   ——● Geht klar!

gkla ●——   ——● vielleicht

hdgdl ●——   ——● wütend

:-) ●——   ——● fröhlich

vllt ●——   ——● Hab dich ganz doll lieb.

8c Was **könnte** stimmen? Kreuze an.

○ Max schreibt seiner Mutter.   ○ Max schreibt Mia.
○ Mia mag Max.   ○ Suse trifft Mia.
○ Suse ist nicht gut in Mathe.   ○ Mia mag Ben.

n

9 Scherzfragen

▶ Verbinde die Frage mit der richtigen Antwort! Die Buchstaben verraten dir das Lösungswort.

Stelle diese Scherzfragen deinen Freunden.

1. Welche Leiter nützt der Feuerwehr nicht? •─

─• Auf einem Stempelkissen. K

2. Welcher Baum hat keine Wurzeln? •─

─• Der Pechvogel. Z

3. Was brennt Tag und Nacht, ohne selbst zu verbrennen? •─

─• Der Purzelbaum. E

4. Welcher Vogel ist meistens traurig? •─

─• Der Springbrunnen. S

5. Auf welchem Kissen kann man nicht schlafen? •─

─• Die Brennnessel. R

6. Was geht über das Wasser und wird nicht nass? •─

─• Die Brücke. E

7. In welchem Raum kann man keine Bilder aufhängen? •─

─• Die Tonleiter. SCH

8. Wer kann auch ohne Füße springen? •─

─• Im Weltraum. K

1	2	3	4	5	6	7	8

10 Bello gesucht

Max sucht seinen weggelaufenen Hund Bello
mithilfe von Plakaten.

Viele Menschen melden
sich am gleichen Tag.
Mithilfe dieser Anhalts-
punkte will Max Bello
suchen.

10a Welche Personen könnten Bello wirklich gesehen haben?
Streiche falsche Hinweise durch. Vergleiche mit dem
Plakat.

> Bello ist mir heute Mittag nach der Schule auf
> meinem Heimweg am Spielplatz begegnet.

> Heute gegen 18.00 Uhr habe ich
> einen großen, braunen Hund mit
> weißer Pfote in der Zugspitzstraße
> gesehen. Er lief Richtung Wald.

> Ich habe einen kleinen, schwarzen Hund mit
> weißer Pfote in der Nähe der Kirche gesehen.

Abends ist mir ein großer, brauner Hund mit weißem Ohr am Bahnhof aufgefallen.

Ich habe genauso einen Hund wie deinen heute Morgen beim Einkauf gesehen.

Gegen 15.00 Uhr ist mir ein großer, brauner Hund mit weißen Pfoten in der Schulstraße entgegengekommen.

10b Wo war Bello zuerst? Bringe die Bilder in die richtige Reihenfolge. Streiche überflüssige Bilder durch.
Die **Zeitangaben** helfen dir, die Hinweise in die richtige Reihenfolge zu bringen.

10c Wo findet Max Bello wohl wieder?

d

11 Unwetter

Starkregen setzte Keller unter Wasser

In weniger als 20 Minuten stand der halbe Ort unter Wasser. Meteorologen hatten für gestern Nachmittag einen Tornado angekündigt.

Ampfing – Der angekündigte Tornado kam nicht, aber gegen 16.00 Uhr zog ein heftiges Gewitter mit starkem Regen über den ganzen Münchner Süden hinweg. Besonders hart traf es die südlichen Vororte, darunter Ampfing. Zum Glück wurde niemand verletzt. Es kam jedoch zu einigen Sachschäden. An den Cafés am Marktplatz wurden mehrere Sonnenschirme aus den Verankerungen gerissen. In den Nebenstraßen liefen einige Keller voll Wasser.

Auf dem Ampfinger Volksfest verwandelten sich Wege in Bäche, weil Abflüsse verstopft waren. So waren für die Gäste mehrere Fahrgeschäfte für einige Stunden unerreichbar und gesperrt.

11a In welcher Zeitung erschien der Artikel?

_____

11b An welchem **Wochentag** kam das Unwetter?

_____

11c Ergänze die Fragepronomen in den folgenden W-Fragen.

Wann   Warum   Was   Wo   Welcher   Was

a) _____ hatten die Meteorologen angekündigt?

b) _____ Ort erlebte ein schweres Gewitter?

c) _____ zog dieses Gewitter über den Ort?

d) _____ geschah mit einigen Kellern?

e) _____ verwandelten sich Wege in Bäche?

f) _____ blieben einige Fahrgeschäfte geschlossen?

W-Fragen helfen dir, einen Text zu erschließen. Sie beginnen mit wer, wie, was, wo, wann, warum ...

11d <u>Unterstreiche</u> im Zeitungsbericht die Antworten auf die W-Fragen.

m

Ein großer Hund hatte einem kleinen Hündchen ein dickes Stück Fleisch abgejagt. Mit seiner fetten Beute brauste der große Hund davon.

Als er aber über eine schmale Brücke lief, fiel sein Blick zufällig ins Wasser. Wie vom Blitz getroffen blieb er stehen und sah unter sich einen Hund, der gierig seine Beute festhielt. „Der kommt mir zur rechten Zeit", knurrte der Hund auf der Brücke. „Mir scheint, der Andere hat ein Stück Fleisch, das noch größer ist als das Meinige."

Wild entschlossen stürzte sich der Hund kopfüber in den Bach und biss nach dem Hund, den er von der Brücke aus gesehen hatte. Das Wasser spritzte auf und der Hund spähte hitzig nach allen Seiten. Aber er konnte beim besten Willen den anderen Hund nicht mehr entdecken. Da fiel dem Hund sein eigenes Stück Fleisch ein. Wo war es geblieben? Verwirrt tauchte er unter und suchte danach. Vergeblich! In seiner dummen Gier war ihm jetzt auch noch das Stück Fleisch verloren gegangen, das er schon sicher zwischen den Zähnen hatte.

> Eine Fabel ist eine kurze Geschichte, in der Tiere wie Menschen handeln und sprechen können. Aus Fabeln kann man etwas lernen.

12a Welche Adjektive passen **nicht** zu dem großen Hund? Streiche sie durch.

entschlossen
mitfühlend
unüberlegt
neidisch   vorsichtig   gierig
gefräßig   behutsam   großzügig

12b Setze folgende Wörter in den Lückentext ein:

Tipp: Manche Wörter musst du mehrmals einsetzen!

sicher, gierig, Brücke, Fleisch, Spiegelbild, Maul, Wasser

Der Hund befindet sich auf einer _____. Ein

Stück _____ trägt er in seinem _____.

Er sieht sein _____ im Wasser. Er glaubt,

dass es ein noch größeres Stück _____ ist. Er

schnappt _____ danach. Als er das _____

öffnet, fällt das _____ aus seinem _____

und verschwindet im _____.

Weil er so _____ war, verliert er das _____,

das ihm schon _____ war.

12c Welche Aussagen treffen zu? Kreuze an.

- ○ Der Hund sieht im Wasser das kleine Hündchen.
- ○ Das kleine Hündchen wird für seine Gefräßigkeit bestraft.
- ○ Durch seine Gier verliert der Hund seine Beute.
- ○ Der andere Hund im Wasser schwimmt schnell davon.
- ○ Der Hund auf der Brücke sieht im Wasser sein Spiegelbild.

12d Welche Frage stellt sich der Hund, nachdem er den vermeintlich anderen Hund im Wasser nicht mehr finden kann? Unterstreiche die Frage im Text.

12e Vervollständige den Satz.

Der Hund verliert sein Stück Fleisch, weil _____

_____

_____

12f Was kannst du aus dieser Fabel lernen?
Kreuze alle passenden Sätze an.

- ○ Keiner ist so stark, um nicht mal die Hilfe des Schwachen zu brauchen.
- ○ Sei mit dem zufrieden, was du hast.
- ○ Der Klügere gibt nach.
- ○ Wer allzu gierig ist, geht leer aus.

Die Bedeutung des Wortes BMX

BMX ist die Abkürzung für **B**icycle **M**oto**C**ross. *Bicycle* ist das englische Wort für Fahrrad. MotoCross kommt von der gleichnamigen Sportart Motocross (= MotoX), bei der man mit Motorrädern Rennen fährt. Das X steht für das englische Wort *cross*. Das bedeutet Kreuz. Außerdem bedeutet das englische Verb *to cross* auf Deutsch durchfahren oder überqueren.

Die Entstehung der Sportart BMX

Die Sportart BMX entstand Ende der 1960er Jahre in den USA. Jugendliche hatten keine Motorräder und traten deshalb mit besonders stabil gebauten Fahrrädern bei Geländerennen gegeneinander an. So entstanden die heutigen BMX-Räder. Sie durchquerten Strecken, die mit Sprüngen und Steilkurven versehen waren oder führten Tricks und Stunts (= besonders gewagte Kunststücke) vor.

Das BMX-Rad

Die Räder haben meistens eine Größe von 20 Zoll. Das heißt, im Vergleich zu gewöhnlichen Fahrrädern sind sie recht klein. Meistens haben sie keine Gangschaltung. Sie sollen möglichst leicht und trotzdem belastbar sein.

Wettbewerbe

BMX-Wettbewerbe gibt es in verschiedenen Disziplinen. **Race** bedeutet Rennen, oft querfeldein, abseits der Straßen. Beim **Freestyle** (= freier Stil) geht es nicht nur um Geschwindigkeit, sondern um Mut und Geschicklichkeit bei der Ausführung verschiedener Tricks. Es gibt viele verschiedene **Tricks**. Beim **Backflip** macht der Fahrer zum Beispiel während eines Sprungs einen Rückwärtssalto.

13a Verbinde das jeweilige Fremdwort mit seiner deutschen Bedeutung.

Backflip   Rückwärtssalto

Bicycle   gewagtes Kunststück

Cross   Fahrrad

Race   Rennen

Stunt   Kreuz

So spricht man diese Wörter aus.

Wort	Aussprache
Bicycle	Baisikel
Stunt	Stant
Race	Räis
Freestyle	Friestail
Backflip	Bäkflip

26

13b **Richtig** oder **falsch**? Kreuze an und trage die jeweiligen Buchstaben der Reihe nach unten ein.

▶ Falls du dir nicht sicher bist, schau nochmals genau im Text nach und unterstreiche die richtigen Aussagen.

	r	f
1. BMX ist eine Sportart.	◯ B	◯ T
2. Bicycle bedeutet Fahrrad und wird Bisikle ausgesprochen.	◯ O	◯ J
3. Die Räder sind meist 20 Zoll groß.	◯ Ö	◯ S
4. BMX entstand in den 1960er Jahren.	◯ R	◯ T
5. Bei Freestyle geht es um Geschicklichkeit.	◯ N	◯ S
6. Das erste BMX-Rad wurde in China erfunden.	◯ I	◯ M
7. BMX-Räder haben viele verschiedene Gänge.	◯ E	◯ A
8. Durchfahren heißt auf Englisch *to cross*.	◯ G	◯ N
9. Ein Salto nach hinten heißt Backflip.	◯ E	◯ N
10. Rennen finden oft im freien Gelände statt.	◯ R	◯ T

Lösungswort: Der Name eines erfolgreichen deutschen BMX-Fahrers lautet:

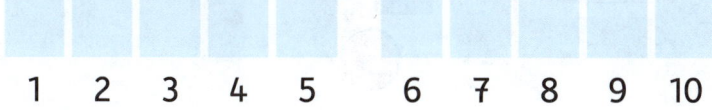

1 2 3 4 5   6 7 8 9 10

X

14 Schatzsuche

Mimo und Pumo feiern ihren Geburtstag. Sie haben ihre Freunde eingeladen und machen gemeinsam eine Schatzsuche. Auf dem Geburtstagstisch finden sie einen Umschlag mit dem ersten Hinweis.

▶ Entschlüssle die Geheimschriften, zeichne den Weg auf der Karte ein und fülle die Lücken im Text.

14a Schreibe auf, was der Hinweis bedeutet.

Diebie näbächstebe Nabachribicht ibist abam Babahnhobof.

_____

_____

Mimo und Pumo wohnen in der_____ .
Sie folgen der Straße gemeinsam mit ihren Freunden Richtung Westen und biegen an der zweiten Möglichkeit rechts
in die _____ ein. Als Nächstes nehmen sie
die Straße, die am Wasser entlangführt, und gehen auf
direktem Weg zu ihrem Ziel. Die Abfahrtszeiten dort
verraten ihnen, wohin die Suche sie als Nächstes führt.

14b Ordne den Zahlen die entsprechenden Buchstaben
des Alphabets zu.

19:21	03:08	20:02	05:09	04:05	18:11	09:18	03:08	05:00
S _	C H	_ _	_ _	_ _	_ _	_ _	_ _	_ _

Die Nachricht lautet: _____ .

→

Die Freunde folgen der Bahnhofstraße in Richtung Süden und gehen nach links in die _____.
Dieser folgen sie und biegen rechts in den Kirchweg ein, um zu ihrem nächsten Ziel zu kommen. Im Kirchturm finden sie einen Brief mit der nächsten Botschaft.

> ebeiL ednuerF,
>
> ned ztahcS tednif rhi mi netsakdnaS red eluhcS nebargrev. tmheN uzad ned netsezrük geW, red ma dabmmiwhcS trhüfiebrov.
>
> leiV glofrE!

14c Schreibe die Nachricht entschlüsselt auf.

_____

_____

_____

_____

14d Dort angekommen beginnen sie an der entsprechenden Stelle zu graben und finden folgenden Schatz.

▶ Ordne die Buchstaben, dann weißt du, was darin ist: _____.

15 Schuluniform – Ja oder nein?

S = Schüler, **L** = Lehrer, **R** = Rektor, **V** = Vater, **M** = Mutter

R: Schön, dass Sie alle zu unserer heutigen Diskussion zum Thema Schuluniform gekommen sind. Ich bitte nun alle anwesenden Parteien zu einer kurzen Stellungnahme.

L: Schuluniformen würden das gesamte Schulklima verbessern. Oft gibt es auf dem Pausenhof Streit wegen der Kleidung. Das würde dann wegfallen.

S: Im Namen der Schülermitverwaltung spreche ich mich gegen Schuluniformen aus. Wir haben alle einen unterschiedlichen Geschmack.

M: Gerade wenn man mehrere Kinder hat, kann das sehr teuer werden. Viele Eltern kaufen Sonderangebote oder im Secondhand-Laden. Dies wäre dann nicht mehr möglich.

V: Mein Sohn zieht viele Sachen nicht an, weil er Angst hat, dass er ausgelacht wird.

S: Schuluniformen sind nicht nur teuer, wir sehen auch aus wie Soldaten.

L: Es müsste natürlich sichergestellt sein, dass die Sachen sowohl günstig sind, als auch eine gute Qualität haben und auch von Geschwistern noch getragen werden können.

V: Ich kann die Aufregung der Schüler nicht verstehen. Viele Berufsgruppen tragen Uniformen.

S: Bei Handwerkern zum Beispiel, die sich leicht dreckig machen, finde ich es ja auch sinnvoll.

L: Das ist genau der Punkt. Auch bei Schülern könnte die Arbeit dadurch erleichtert werden. Sie wären nicht so leicht von Oberflächlichkeiten abgelenkt, sondern könnten sich auf den Stoff konzentrieren.

V: Auch in der Früh hätten die Kinder mehr Zeit und müssten nicht noch stundenlang vor dem Spiegel überlegen, was sie anziehen sollen.

R: In der aktuellen Forschung wurde festgestellt, dass sich Kinder mit Schuluniformen besser vertragen und aufmerksamer im Unterricht sind.

S: Na klar. Wir tragen Uniformen und plötzlich herrscht Friede, Freude, Eierkuchen und alle haben nur noch Einsen.

R: Natürlich wird es noch Streit geben, aber vielleicht suchen sich manche ihre Freunde nicht mehr nach Äußerlichkeiten, sondern achten auf andere Besonderheiten. Und nun vielen Dank für Ihre Argumente. Wir werden dies nun auch in allen Klassen diskutieren.

Hättest du gerne eine Schuluniform?
○ ja   ○ nein

15a Begründe deine Meinung!

15b Ordne die Argumente den einzelnen Diskussionsteilnehmern zu. Kreuze an.

Tipp: Drei Argumente passen jeweils zu zwei Personen.

	Schüler	Lehrer	Rektor	Vater	Mutter
Viele Berufsgruppen in Deutschland tragen eine Uniform.	○	○	○	○	○
Schuluniformen sind teuer.	○	○	○	○	○
Schüler suchen sich ihre Freunde nicht nach der Kleidung, sondern nach dem Charakter aus.	○	○	○	○	○
Bei gleicher Kleidung fallen andere Besonderheiten besser auf.	○	○	○	○	○
Viele Streitereien und Hänseleien drehen sich um Kleidung.	○	○	○	○	○
In der Früh müssen sich Schüler nicht überlegen, was sie anziehen wollen.	○	○	○	○	○
Kinder, die Schuluniformen tragen, passen im Unterricht besser auf.	○	○	○	○	○

L

16 Polizei, Feuerwehr und Notarzt

Hier sind drei Texte vermischt worden.

▶ Lies dir zuerst einmal alle Sätze durch.

16a Überlege, welcher Satz zu welcher Person passt, und schreibe die richtigen Buchstaben in die Felder.

Polizist = P   Feuerwehrmann = F   Notarzt = N

Tipp: Trage zunächst nur Buchstaben ein, bei denen du dir **ganz sicher** bist. Überprüfe anschließend alle übrig gebliebenen Sätze erneut und entscheide.

Es gehören immer 4 Sätze zusammen.

P Sie fangen nicht nur Verbrecher, sondern sorgen auch für Sicherheit bei großen Veranstaltungen.

☐ Ein Helm mit Nackenschutz und feste Handschuhe und Schuhe gehören zu ihrer Ausrüstung.

☐ Wer in diesem Beruf arbeiten will, muss Medizin studieren.

☐ Auch Tiere helfen ihnen: Die Reiterstaffel ist auf Pferden unterwegs. Hunde können Drogen oder andere verbotene Dinge erschnüffeln.

☐ Im Rettungswagen begleitet er die Patienten bis ins Krankenhaus.

☐ Manchmal müssen sie einen Strafzettel schreiben, wenn jemand sein Auto falsch geparkt hat.

☐ Sie löschen nicht nur Feuer, sondern helfen auch bei Unfällen, Überschwemmungen und anderen Katastrophen. Ihre Hauptaufgabe ist es, Menschen zu retten.

☐ Sie tragen zwar meistens eine Pistole mit sich, schießen dürfen sie aber nur im absoluten Notfall, wenn ihr eigenes oder das Leben eines anderen in Gefahr ist.

☐ Bei einem Hausbrand kommt auch oft ein Sprungtuch zum Einsatz.

☐ Um vor Ort helfen zu können, hat er immer viele verschiedene Medikamente und medizinische Geräte dabei.

☐ Die Drehleiter wird benötigt, um Menschen aus großen Höhen retten zu können.

☐ Wenn sich ein Skifahrer in den Bergen verletzt, kommt er auch mal mit einem Hubschrauber, um den Patienten zu versorgen.

16b Unterstreiche in jedem Satz die Wörter, an denen du erkennst, welche Person gemeint ist.

16c Kreuze richtige Aussagen an und trage die entsprechenden Lösungsbuchstaben unten der Reihe nach ein!

○ Die Polizei vergibt einen Strafstoß, wenn jemand sein Auto falsch parkt. SCHL

○ Mit Hilfe einer Drehleiter kann die Feuerwehr Menschen aus einem brennenden Haus retten. ATE

○ Ein Notarzt muss bei jedem Einsatz eine geladene Pistole dabeihaben. IMME

○ Ein Polizist muss immer einen Helm mit Nackenschutz tragen. SATZ

○ Ein Notarzt hat Medizin studiert. MSCH

○ Bei einer Hausparty kommt oft ein Sprungtuch zum Einsatz. MEIN

○ Die Feuerwehr kommt auch bei Überschwemmungen, Unfällen und vielen weiteren Katastrophen zum Einsatz. UTZG

○ Ein Notarzt ist immer mit einem Hubschrauber unterwegs. HELM

○ Hunde helfen der Polizei Drogen zu erschnüffeln. ERÄT

Lösungswort: Das braucht ein Feuerwehrmann oft:

17 Was bin ich?

▶ Löse die Rätsel und trage die gesuchten Begriffe unten der Reihe nach ein.

1 Ich leuchte hell, der Wind ist mein Feind,
   erst bin ich groß, dann bin ich klein.

2 Ich gehe tickend immerfort
   und komme doch keinen Schritt vom Ort.

3 Streicht man mir den Kopf, brennt mir gleich der Schopf.
   Hab einen dünnen Körper aus Holz, hab einen roten Kopf.

4 Ich hab ein Schloss, doch ist das ziemlich klein.
   Es passt niemand zugleich mit mir hinein.

5 Ich steh im Gras an einem Ort.
   Erst gelb, dann weiß, dann flieg ich fort.

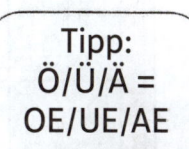

Tipp:
Ö/Ü/Ä =
OE/UE/AE

6 Ich habe zwei Flügel und kann nicht fliegen.
   Hab einen Rücken und kann nicht liegen.
   Ich habe ein Bein und kann nicht stehen.
   Trage eine Brille und kann nicht sehen.

Das isst Mimo für ihr Leben gern:

Z

18 Mittagessen in der Monsterschule

In der Monsterschule können die Monsterchen mittags
ein Menü wählen.

Speiseplan von 30.06. – 04.07.

Neu: Jedes Menü kostet 2€!

Tage	Menü 1	Menü 2
Mo 30.06.	Nudeln mit Kakao	Kekspüree mit Löwenzahn
Di 01.07.	Spinat mit Fliegenei	Pfannkuchen mit Vanillepudding
Mi 02.07.	Schokospätzle mit Grütze	Hähnchen mit Zuckerguss
Do 03.07.	Kartoffeltierchen mit Fischstäbchen	Gurkenschlangen mit Gemüse
Fr 04.07.	Pizzagesichter (vegetarisch)	Grießbrei mit Thunfischsalat

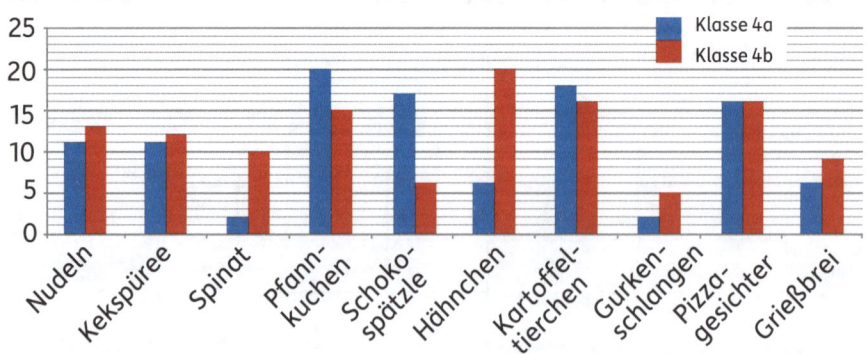

▶ Beantworte mithilfe der Tabelle und des Diagramms folgende Fragen.

18a Welches Gericht wurde insgesamt am häufigsten gewählt?

_____

18b Wie viele vegetarische* Gerichte gab es in dieser Woche?

_____

18c Welches Gericht bestellte die Klasse 4a genauso oft wie die Klasse 4b?

_____

18d Wie viel musste die **Klasse 4a** am Mittwoch bezahlen?

18e Wie viele Monster der **Klasse 4b** aßen in dieser Woche ein Gericht aus Menü 1?

* vegetarische Gerichte = Gerichte ohne Fleisch oder Fisch

W

Blauwale sind die größten Tiere, die jemals auf der Erde gelebt haben. Der größte bisher gemessene Blauwal war 33,58 m lang. Der Pottwal hält unter anderem den Rekord für das Säugetier, das am tiefsten tauchen kann.

Erstaunlich ist, dass sich das größte lebende Tier auf der Erde von einem gerade mal 2 Zentimeter großen Tier, dem Krill, ernährt. Diese kleinen Leuchtgarnelen leben in Schwärmen an der Wasseroberfläche. Damit ein riesiger Blauwal von diesen winzigen Tierchen satt wird, muss er eine große Menge davon fressen. Dazu öffnet er sein Maul sehr weit und nimmt einen großen Schluck Wasser, in dem die kleinen Garnelen schwimmen. Wenn er sein Maul dann wieder schließt, drückt er das Wasser wieder heraus. Die kleinen Krebse bleiben an einer Art Sieb, den Barten, im Maul hängen und er kann sie herunterschlucken.

Pottwale ernähren sich unter anderem von Riesentintenfischen, die bis zu 10 m lang sind. Die Zähne der Pottwale sind ca. 25 cm lang und spitz. Diese sind aber oft nur in der unteren Hälfte des Mauls.

Pottwale und Blauwale sind wie alle anderen Walarten keine Fische, sondern Säugetiere und brauchen Luft zum Atmen. Wale haben aber nicht wie Menschen zwei Nasenlöcher, sondern nur eins, das Spritz- oder Blasloch genannt wird. Beim Tauchen ist es geschlossen. Kehrt ein Wal nach einem Tauchgang wieder an die Wasseroberfläche zurück, pustet er die verbrauchte Atemluft und Wasser mit einem kräftigen Schwung heraus. Das sieht wie ein Springbrunnen aus, der in der Fachsprache „Blas" genannt wird. Pottwale kann man schon von Weitem erkennen, weil sie ihren Blas nicht wie andere Wale nach oben ausstoßen, sondern schräg nach vorn.

Bei der Geburt ist ein Blauwalbaby – genannt Kalb – bereits 7 m groß. Es wird etwa 7 Monate gesäugt und trinkt dabei bis zu 190 Liter Milch am Tag. Es wächst so schnell, dass man ihm beim Wachsen fast zusehen kann.

Pottwale ernähren ihre Jungen ebenfalls mit Milch. Für junge Pottwale ist das Saugen aber gar nicht so leicht, denn die Milchzitzen befinden sich in Hautfalten auf der Unterseite der Mutter verborgen.

Pottwale leben in kleinen Gruppen, genannt Schulen, zusammen. Eine Schule kann aus drei bis sieben, aber auch aus hundert Tieren bestehen. Ist ein Mitglied der Schule verletzt, helfen die anderen ihm, indem sie einen Kreis um den verletzten Wal bilden. Dabei zeigen die Köpfe nach innen und ihre Schwänze nach außen.

Blauwale werden in der Regel alleine oder in kleinen Gruppen von zwei bis drei Tieren beobachtet. Allerdings könnten auch Tiere, die mehrere Kilometer voneinander getrennt ziehen, eine gemeinsame Gruppe bilden, da wahrscheinlich Blauwale aufgrund ihrer Größe mehr Freiraum als andere Walarten benötigen.

19a Was bedeuten diese Wörter in der Fachsprache der Wale? Erkläre mit deinen eigenen Worten!

Blas: _____

_____

Schule: _____

_____

19b Zeichne ein, wie der Blas eines **Pottwales** aussieht.

19c Dieser Pottwal ist verletzt. Du siehst ihn von oben. Zeichne ein, wie andere Wale seiner Schule ihm helfen.

Besser lesen

4. Klasse

Dieser Lösungsteil ist herausnehmbar!
Klammern in der Mitte des Heftes öffnen!

1a ◯ Monstertext ⊗ Gedicht ◯ Märchen ◯ Witz ◯

1b Das Wort „Lemos" bedeutet **Le**se**mo**nster.

1c
3	Genau kontrollieren!	2	Ausmalen!
1	Pause machen!	4	Tipps geben!

1d

Zeile: **20**

Zeile: **16/17**

Zeile: **18**

Zeile: **11**

1e ⊗ Zeitungen, Lesebücher, Postkarten

2a WILLI|IST|RICHTIG|TOLL|RUDI|ERHÄLT|FR
EITAG|FRÜH|EINE|NACHRICHT|UTE|NASC
HT|SÜSSIGKEITEN|UNSERE|MAMA|SCHREI
BT|IMMER|EINEN|BRIEF|EIN|NETTER|ALTE
R|MANN|FÄHRT|ROLLER|EMMA|ISST|BEI|A
NNA|DAMPFNUDELN|

2b Wir treffen uns um sieben am Freibad.

3a „**Elfmeter**, Frau Lehrerin!"

3b „Wieso denn? **Nachts** schlafe ich ja auch noch acht bis zehn Stunden!"

3c Frosch: „**Quark**."

3d „Du hast Tom **zweimal** gebadet und mich gar nicht!"

3e „Die **Ferien** im Sommer dauern sechs Wochen, die im Winter nur zwei!"

3f „Wenn man dich anguckt, könnte man meinen, eine **Hungersnot** ist ausgebrochen!"

4 Lösungssatz: **Dino ist frech.**

5
4	Sich etwas gut merken.
3	Jemanden bedrängen, obwohl er keine Zeit hat.
5	Über etwas Bescheid wissen.
1	Endlich mit der Sprache herausrücken.
2	Jemanden zur Eile antreiben.

   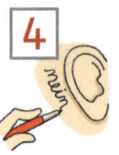 

2 Toni hat schon wieder sein Zimmer nicht aufgeräumt. Vater schimpft: „Jetzt wird's aber ...

1 Max kommt in die Wohnung und stottert: „Du, also, ähm, Mama, wir haben ...

5 Die Lehrerin sagt zu ihrer Klasse: „Ich war zwar letzte Woche nicht da, ich weiß aber ...

4 Flo ist sauer auf seine Schwester: „Ich hab dir doch schon tausendmal gesagt, du sollst ...

3 Die Verkäuferin im Supermarkt muss längst weiter Ware in die Regale ...

6a ✖ „Nein, ich bin der Beste in der Klasse."

6b ✖ „Ich bin dafür besser in Musik."

6c ✖ „Ich spiele sogar drei Instrumente."

6d ✖ „Ich habe dafür eine Eins in Rückwärtslesen."

6e

„Eines steht fest: Im Angeben seid ihr beiden jedenfalls gleich gut!"

7a

Guten Tag, mein Name ist Fisejone. Nein, Dischulentgung, Josefine. Seit einer Woche geht bei mir so einiges schief. Auf dem Jahrmarkt traute ich mich auf eine Rutsenriesche. Doch als ich unten ankam, wurde mir erst schrecklich schwindelig, danach ging es mit dem Aneindurchder los. Als ich beim Bäcker Kubeererdchen bestellte, sah mich die Verkäuferin mit großen Augen an. Auch meine Freundin verstand nicht, was ich mit Büthemacher meinte. Wie soll das nur geterweihen? Ich hoffe, mir kann bald jemand helfen.

Josefine, Entschuldigung, Riesenrutsche, Durcheinander, Erdbeerkuchen, Mathebücher, weitergehen

7b

Vamenbluse	= **Blumenvase**
Auzeugspielto	= **Spielzeugauto**
Treplerkelpe	= **Kellertreppe**
Urmersomlaub	= **Sommerurlaub**

7c Josefine bildet ihre Unsinnswörter, indem sie bei viersilbigen Wörtern die erste Silbe mit der dritten Silbe vertauscht. So wird aus **Jo**se**fi**ne **Fi**se**jo**ne.

8a ❶ Mia ❷ Suse ❸ Max

8b

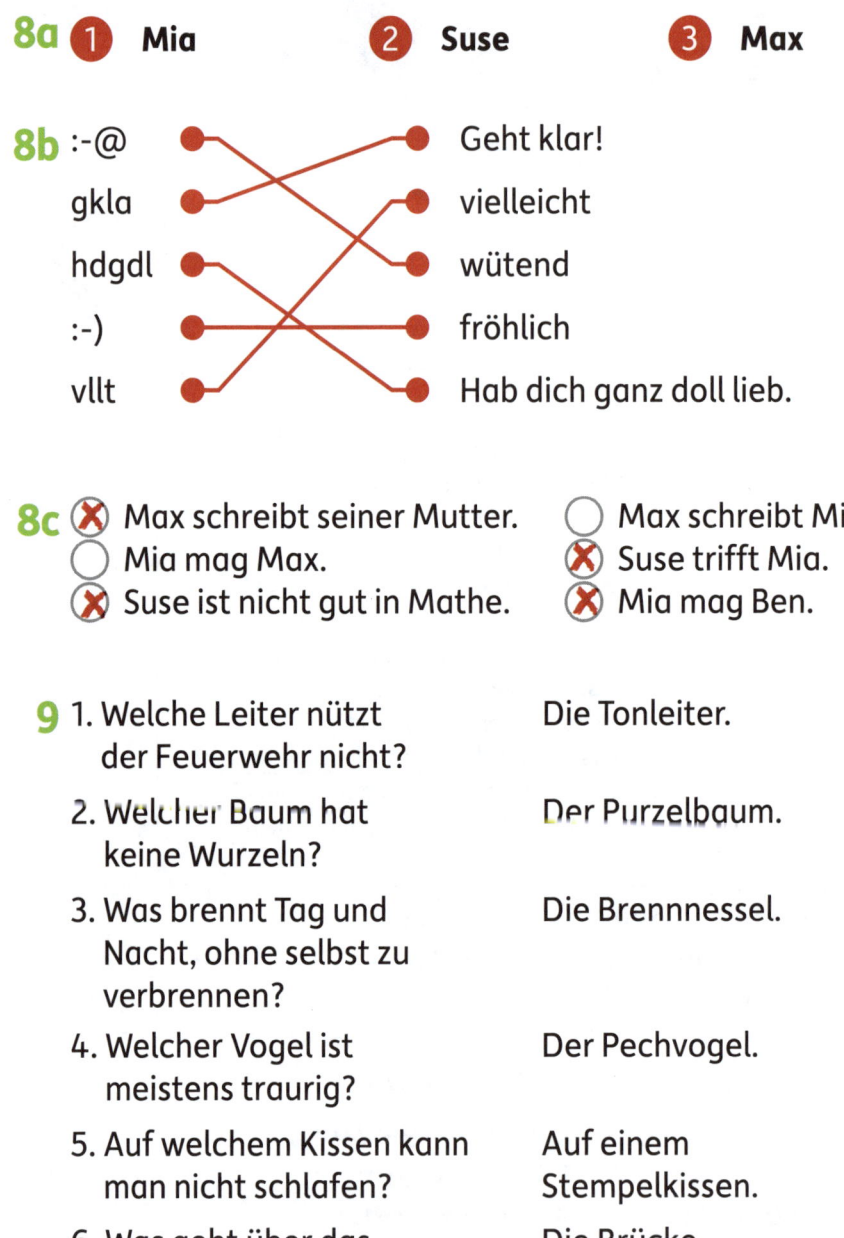

:-@	Geht klar!
gkla	vielleicht
hdgdl	wütend
:-)	fröhlich
vllt	Hab dich ganz doll lieb.

8c ☒ Max schreibt seiner Mutter.   ◯ Max schreibt Mia.
◯ Mia mag Max.   ☒ Suse trifft Mia.
☒ Suse ist nicht gut in Mathe.   ☒ Mia mag Ben.

9 1. Welche Leiter nützt der Feuerwehr nicht?   Die Tonleiter.

2. Welcher Baum hat keine Wurzeln?   Der Purzelbaum.

3. Was brennt Tag und Nacht, ohne selbst zu verbrennen?   Die Brennnessel.

4. Welcher Vogel ist meistens traurig?   Der Pechvogel.

5. Auf welchem Kissen kann man nicht schlafen?   Auf einem Stempelkissen.

6. Was geht über das Wasser und wird nicht nass?   Die Brücke.

7. In welchem Raum kann man keine Bilder aufhängen?

Im Weltraum.

8. Wer kann auch ohne Füße springen?

Der Springbrunnen.

Lösungswort: **Scherzkeks**

10a

Bello ist mir heute Mittag nach der Schule auf meinem Heimweg am Spielplatz begegnet.

Abends ist mir ein großer, brauner Hund mit weißem Ohr am Bahnhof aufgefallen.

Heute gegen 18.00 Uhr habe ich einen großen, braunen Hund mit weißer Pfote in der Zugspitzstraße gesehen. Er lief Richtung Wald.

Ich habe genauso einen Hund wie deinen heute Morgen beim Einkauf gesehen.

Ich habe einen kleinen, schwarzen Hund mit weißer Pfote in der Nähe der Kirche gesehen.

Gegen 15.00 Uhr ist mir ein großer, brauner Hund mit weißen Pfoten in der Schulstraße entgegengekommen.

10b

GUT + BILLIG

3

2

1

10c Max findet Bello wahrscheinlich im **Wald** wieder.

11a Der Artikel erschien im **Erdinger Blatt**.

11b Das Unwetter kam am **Dienstag**.

11c
a) **Was** hatten die Meteorologen angekündigt?
b) **Welcher** Ort erlebte ein schweres Gewitter?
c) **Wann** zog dieses Gewitter über den Ort?
d) **Was** geschah mit einigen Kellern?
e) **Warum** verwandelten sich Wege in Bäche?
f) **Wo** blieben einige Fahrgeschäfte geschlossen?

11d

Ampfing – Der angekündigte Tornado kam nicht, aber gegen 16.00 Uhr zog ein heftiges Gewitter mit starkem Regen über den ganzen Münchner Süden hinweg. Besonders hart traf es die südlichen Vororte, darunter Ampfing. Zum Glück wurde niemand verletzt. Es kam jedoch zu einigen Sachschäden. An den Cafés am Marktplatz wurden mehrere Sonnenschirme aus den Verankerungen gerissen. In den Nebenstraßen liefen einige Keller voll Wasser.

Auf dem Ampfinger Volksfest verwandelten sich Wege in Bäche, weil Abflüsse verstopft waren. So waren für die Gäste mehrere Fahrgeschäfte für einige Stunden unerreichbar und gesperrt.

12a

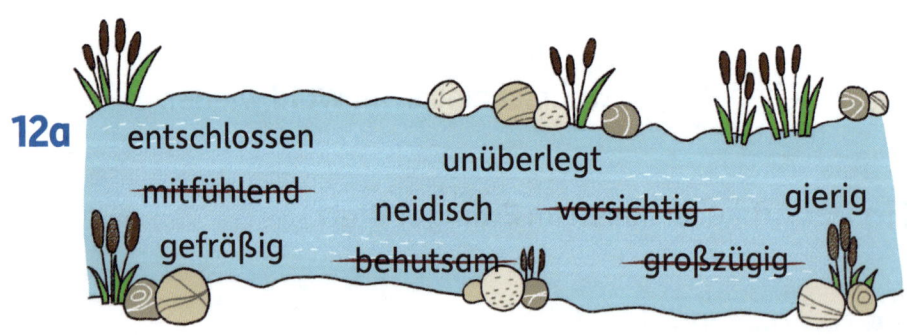

entschlossen
~~mitfühlend~~
gefräßig
unüberlegt
neidisch
~~behutsam~~
~~vorsichtig~~
gierig
~~großzügig~~

12b Der Hund befindet sich auf einer **Brücke**. Ein Stück **Fleisch** trägt er in seinem **Maul**. Er sieht sein **Spiegelbild** im Wasser. Er glaubt, dass es ein noch größeres Stück **Fleisch** ist. Er schnappt **gierig** danach. Als er das **Maul** öffnet, fällt das **Fleisch** aus seinem **Maul** und verschwindet im **Wasser**.
Weil er so **gierig** war, verliert er das **Fleisch**, das ihm schon **sicher** war.

12c ⊗ Durch seine Gier verliert der Hund seine Beute.
⊗ Der Hund auf der Brücke sieht im Wasser sein Spiegelbild.

12d ... Da fiel dem Hund sein eigenes Stück Fleisch ein. Wo war es geblieben? Verwirrt tauchte ...

12e Der Hund verliert sein Stück Fleisch, weil er sein eigenes Spiegelbild für einen anderen Hund hält, der ein noch größeres Stück Fleisch im Maul hat. Bei dem Versuch, diesem angeblichen Hund sein Stück Fleisch zu entreißen, verliert er sein eigenes und geht am Ende leer aus.

12f ⊗ Sei mit dem zufrieden, was du hast.
⊗ Wer allzu gierig ist, geht leer aus.

13a

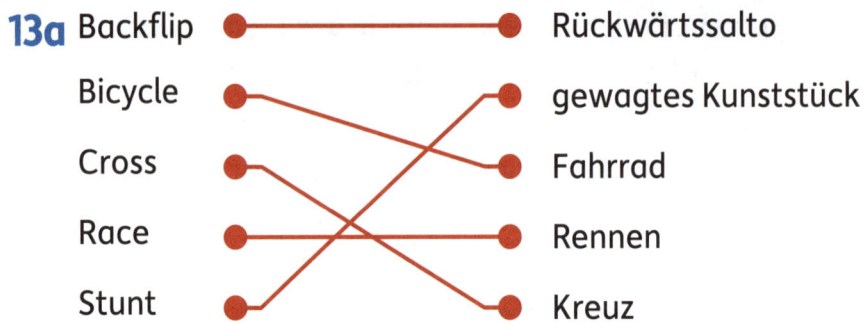

Backflip — Rückwärtssalto
Bicycle — gewagtes Kunststück
Cross — Fahrrad
Race — Rennen
Stunt — Kreuz

13b

	r	f
1. BMX ist eine Sportart.	⊗ B	◯ T
2. Bicycle bedeutet Fahrrad und wird Bisikle ausgesprochen.	◯ O	⊗ J
3. Die Räder sind meist 20 Zoll groß.	⊗ Ö	◯ S
4. BMX entstand in den 1960er Jahren.	⊗ R	◯ T
5. Bei Freestyle geht es um Geschicklichkeit.	⊗ N	◯ S
6. Das erste BMX-Rad wurde in China erfunden.	◯ I	⊗ M
7. BMX-Räder haben viele verschiedene Gänge.	◯ E	⊗ A
8. Durchfahren heißt auf Englisch *to cross*.	⊗ G	◯ N
9. Ein Salto nach hinten heißt Backflip.	⊗ E	◯ N
10. Rennen finden oft im freien Gelände statt.	⊗ R	◯ T

Der erfolgreiche deutsche BMX-Fahrer heißt
Björn Mager.

14a **Die nächste Nachricht ist am Bahnhof.**

Mimo und Pumo wohnen in der **Marktstraße**.
Sie folgen ihr gemeinsam mit ihren Freunden Richtung
Westen und biegen an der zweiten Möglichkeit rechts
in die **Neue Straße** ein.

14b Die Nachricht lautet: **Sucht bei der Kirche.**

Die Freunde folgen der Bahnhofstraße in Richtung
Süden und gehen nach links in die **Ringstraße**.

14c Liebe Freunde,
den Schatz findet ihr im Sandkasten der Schule
vergraben. Nehmt dazu den kürzesten Weg, der am
Schwimmbad vorbeiführt.
Viel Erfolg!

14d In der Schatzkiste
ist **Schokolade**.

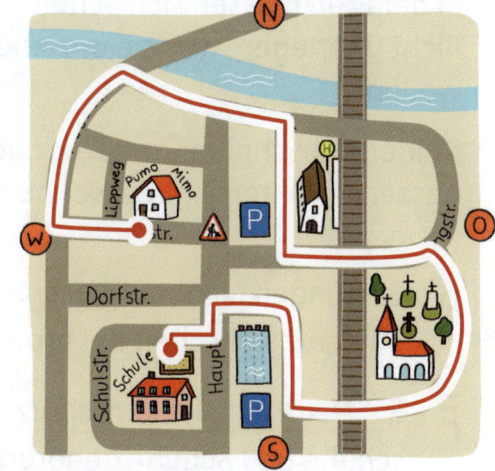

15a Für diese Aufgabe gibt es keine Lösung, aber ich bin
sicher, dass du gut über deine Meinung zu dem Thema
nachgedacht hast.

15b

	Schüler	Lehrer	Rektor	Vater	Mutter
Viele Berufsgruppen in Deutschland tragen eine Uniform.				✗	
Schuluniformen sind teuer.	✗				✗
Schüler suchen sich ihre Freunde nicht nach der Kleidung, sondern nach dem Charakter aus.			✗		
Bei gleicher Kleidung fallen andere Besonderheiten besser auf.			✗		
Viele Streitereien und Hänseleien drehen sich um Kleidung.		✗		✗	
In der Früh müssen sich Schüler nicht überlegen, was sie anziehen wollen.				✗	
Kinder, die Schuluniformen tragen, passen im Unterricht besser auf.		✗	✗		

16a
16b

P Sie fangen nicht nur Verbrecher, sondern sorgen auch für Sicherheit bei großen Veranstaltungen.

F Ein Helm mit Nackenschutz und feste Handschuhe und Schuhe gehören zu ihrer Ausrüstung.

N Wer in diesem Beruf arbeiten will, muss Medizin studieren.

Hallo du fleißiger Leser!

Auf dieser Seite verraten wir dir, wie du zu einem richtigen Lesemonster werden kannst.

- Trenne zuerst die Urkunde aus deinem Heft heraus, dann musst du nicht nach jeder Aufgabe blättern.

- Bearbeite eine Aufgabe und kontrolliere genau.

- Nach jeder Aufgabe findest du unten im Eck einen Buchstaben. Suche den Buchstaben auf der Urkunde und male das Feld in der entsprechenden Farbe aus!

So bekommst du eine wunderschöne, bunte Leseurkunde und gehörst dann zu uns Lesemonstern!

Viel Erfolg wünschen dir
Mimo und Pumo

URKUNDE

Hiermit wird

_____

(Trage hier deinen Namen ein!)

feierlich in die Familie der

LESEMONSTER

aufgenommen und darf sich ab heute

MO
_____

(Trage hier die ersten zwei oder drei
Buchstaben deines Namens ein!)

nennen!

Herzlichen Glückwunsch!
Mimo und Pumo

P Auch Tiere helfen ihnen: Die Reiterstaffel ist auf Pferden unterwegs. Hunde können Drogen oder andere verbotene Dinge erschnüffeln.

N Im Rettungswagen begleitet er die Patienten bis ins Krankenhaus.

P Manchmal müssen sie einen Strafzettel schreiben, wenn jemand sein Auto falsch geparkt hat.

F Sie löschen nicht nur Feuer, sondern helfen auch bei Unfällen, Überschwemmungen und anderen Katastrophen. Ihre Hauptaufgabe ist es, Menschen zu retten.

P Sie tragen zwar meistens eine Pistole mit sich, schießen dürfen sie aber nur im absoluten Notfall, wenn ihr eigenes oder das Leben eines anderen in Gefahr ist.

F Bei einem Hausbrand kommt auch oft ein Sprungtuch zum Einsatz.

N Um vor Ort helfen zu können, hat er immer viele verschiedene Medikamente und medizinische Geräte dabei.

F Die Drehleiter wird benötigt, um Menschen aus großen Höhen retten zu können.

N Wenn sich ein Skifahrer in den Bergen verletzt, kommt er auch mal mit einem Hubschrauber, um den Patienten zu versorgen.

16c ✗ Mit Hilfe einer Drehleiter kann die Feuerwehr Menschen aus einem brennenden Haus retten. `ATE`

✗ Ein Notarzt hat Medizin studiert. `MSCH`

✗ Die Feuerwehr kommt auch bei Überschwemmungen, Unfällen und vielen weiteren Katastrophen zum Einsatz. `UTZG`

✗ Hunde helfen der Polizei Drogen zu erschnüffeln. `ERÄT`

Lösungswort: **ATEMSCHUTZGERÄT**

17

			K	E	R	Z	E		
			U	H	R				
S	T	R	E	I	C	H	H	O	L	Z
		S	C	H	L	U	E	S	S	E	L
	L	O	E	W	E	N	Z	A	H	N
			N	A	S	E			

18a Am häufigsten wurden die **Pfannkuchen** gewählt.

Du musst für jedes Gericht den blauen und den roten Balken zusammenzählen. Bei den Pfannkuchen kommst du auf die höchste Anzahl, nämlich 35.

18b Es gab **sieben** vegetarische Gerichte in dieser Woche.

Nicht vegetarisch sind das **Hähnchen** mit Zuckerguss, die Kartoffeltierchen mit **Fisch**stäbchen und der Grießbrei mit **Thunfisch**salat.

18c Die **Pizzagesichter** wurden von der Klasse 4a und der Klasse 4b gleich oft bestellt.

18d 17 Monster der Klasse 4a aßen am Mittwoch Schokospätzle, 6 Monster das Hähnchen. Ein Menü kostet 2 Euro:

17 + 6 = 23   **23 · 2 € = 46 €**

Insgesamt musste die Klasse 4a am Mittwoch **46 Euro** bezahlen.

18e 13 Monster der Klasse 4b aßen die Nudeln, 10 Spinat, 6 Schokospätzle, 16 Kartoffeltierchen und 16 Pizzagesichter.

13 + 10 + 6 + 16 + 16 = 61

In dieser Woche aßen **61**-mal Monster der Klasse 4b ein Gericht aus Menü 1.

19a Blas: **Wenn ein Wal an die Wasseroberfläche kommt, pustet er die verbrauchte Atemluft zusammen mit Wasser heraus. Dadurch entsteht eine Art Spring-brunnen, den man Blas nennt.**
Schule: **Die Gruppe, in der Pottwale zusammenleben, nennt man Schule.**

19b Pottwale stoßen ihren Blas nicht nach oben aus, sondern schräg nach vorn.

19c

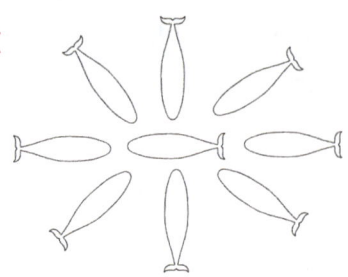

19d

	r	f
1. Blauwale filtern das Wasser, um kleine Tiere zu erwischen.	⊗R	○T
2. Pottwale fressen auch größere Tiere.	⊗W	○J
3. Pottwale achten nicht aufeinander.	○S	⊗R
4. Wale können unter Wasser atmen.	○R	⊗I
5. Blauwale brauchen mehr Platz als Pottwale.	⊗S	○T
6. Pottwale leben in Schulen zusammen.	⊗C	○M
7. Barten nennt man die Zähne des Pottwals.	○E	⊗H
8. Wale sind keine Säugetiere.	○T	⊗N
9. Pottwale können sehr tief tauchen.	⊗T	○N
10. Blauwalkälber sind bei der Geburt 7 cm groß.	○T	⊗E
11. Krills leben auf dem Meeresgrund.	○R	⊗G
12. Der Blas sieht wie ein Wasserfall aus.	○R	⊗E

Pottwale haben unter allen Säugetieren
das **schwerste Gehirn**.

20a

	Text 1	Text 2	Text 3
Der erste Fußball-Verband wurde in England gegründet.	☒	◯	◯
Ein Fußballspiel dauert 90 Minuten.	◯	◯	☒
Es kann zum Ballverlust kommen, wenn ein Spieler den Ball springen lässt.	◯	☒	◯
Ziel des Fußballspiels ist es, Tore zu schießen.	◯	◯	☒
Die Pöbeleien um den Ball konnten auch durch Verbote nicht abgeschafft werden.	☒	◯	◯
Fußballspielen ist anstrengend.	◯	◯	☒
Eine Fußballmannschaft besteht aus 11 Spielern.	☒	◯	☒
Durch Technik-Übungen kann man das Stoppen mit dem Fuß üben.	◯	☒	◯

20b

⚽ Profifußballer verdienen viel Geld. TO

⚽ ~~Deutschland spielte 1934 das erste Mal bei einer WM in Uruguay mit.~~ RWA

⚽ Früher war Fußball sehr gewalttätig. RSC

⚽ Indem man den Fuß im richtigen Moment zurückzieht, verliert der Ball beim Stoppen den Schwung. HÜT

⚽ ~~Im Spiel gibt es einen Ball einer unbestimmten Größe.~~ TE

⚽ Mit der Schuhsohle kann man den Ball definitiv stoppen. ZENK

⚽ Schottland und England spielten 1872 unentschieden. ÖN

⚽ ~~Seit Beginn des Fußballs hatten Tore Netze.~~ NER

⚽ Bei langen Pässen stoppt man den Ball am besten mit dem Fuß. IG

Letztes Jahr war Pumo der **Torschützenkönig**.

21a

1	Wähle den richtigen Arbeitsplatz!
5	So kannst du dich motivieren!
2	Teile dir deine Lesezeit ein!
3	So kannst du dich besser konzentrieren!
4	Überlege, was du schon weißt!

21b Konzentration

○ Zentrale
⊗ Aufmerksamkeit
○ Bewegung

Motivation

⊗ etwas erreichen wollen
○ etwas zurückführen
○ etwas festmachen

21c

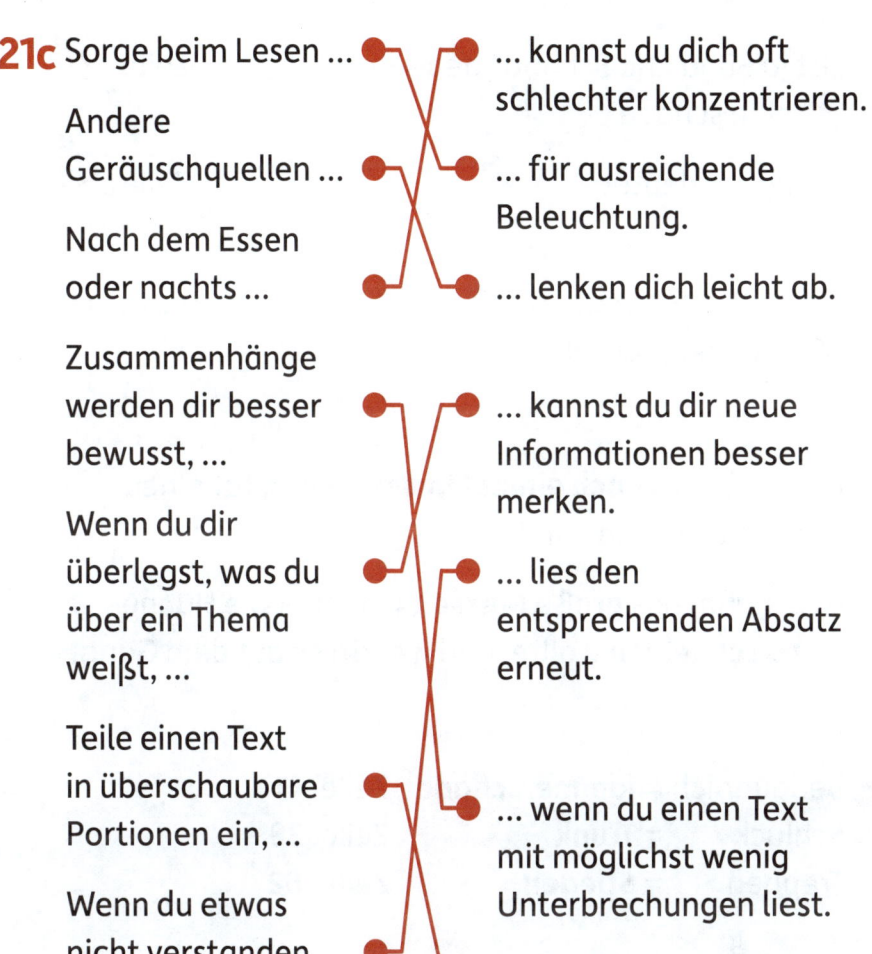

Sorge beim Lesen ... → ... lenken dich leicht ab.

Andere Geräuschquellen ... → ... kannst du dich oft schlechter konzentrieren.

Nach dem Essen oder nachts ... → ... für ausreichende Beleuchtung.

Zusammenhänge werden dir besser bewusst, ... → ... lies den entsprechenden Absatz erneut.

Wenn du dir überlegst, was du über ein Thema weißt, ... → ... kannst du dir neue Informationen besser merken.

Teile einen Text in überschaubare Portionen ein, ... → ... dann kannst du dein Ziel leichter erreichen.

Wenn du etwas nicht verstanden hast, ... → ... wenn du einen Text mit möglichst wenig Unterbrechungen liest.

22 Du musst die Hinweise in dieser Reihenfolge lesen:

| 1 | 21 | 12 | 27 | 5 | 23 | 9 | 22 | 15 | 19 |

23a „Ist ja Sünd und Schand" bedeutet: Zeile 24
ⓧ Ist ja schade.

„sittig" bedeutet: Zeile 52
ⓧ brav

„feine Weise" bedeutet: Zeile 70
ⓧ höfliches Verhalten

23b a) Also lief es **noch einmal in den Keller**, tat einen **ehrbaren Trunk** und ...

b) ... nahm das **große Messer**, womit er die Hühner **zerschneiden** wollte, und wetzte es auf dem Gang.

23c bedauerlich = **jammerschade**   Zeile: **11**
Schluck   = **Trunk**   Zeile: **38**
Treppen   = **Stlegen**   Zeile: 62

23d

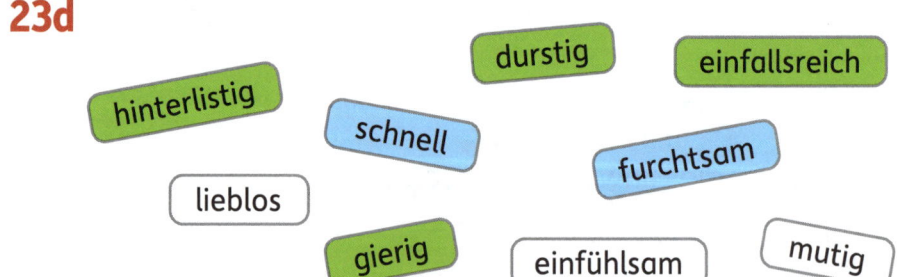

23e

| 5 | Der Gast denkt, ihm sollen die Ohren abge-schnitten werden. PEN |

| 1 | Gretel bereitet zwei Hühner zu. LA |

| | ~~Der Gast will von dem Herrn ein Huhn haben.~~ PA |

| 4 | Gretel erzählt dem Herrn, dass der Gast ein Dieb sei. AP |

| 2 | Der Herr geht den Gast abholen. USC |

| | ~~Die Hühner werden im Backofen gebraten.~~ SCH |

| | ~~Gretel hebt die Hühner auf.~~ LAH |

| 3 | Gretel verspeist beide Hühner. HL |

Der Gast will seine **Lauschlappen** (= Ohren) heimbringen.

24a Blumo: **Blumenmonster**
Stemo: **Sternenmonster**
Brimo: **Brillenmonster**

24b

Platz	Angebot
1	**Ritterausflug**
2	**Segelkurs**
3	**Reitkurs**
4	**Kletterkurs**
5	**Wasserski**

Platz	Angebot
6	**Fotokurs**
7	**Literaturwerkstatt**
8	**Malen**
9	**Trommelkurs**
10	**Höhlenerkundung**

25

1 **B**	6 **A**
2 **A, D**	7 **A, D**
3 **C**	8 **Kajak**
4 **D**	9 **D**
5 **B, C**	

Pumo kann das Angebot D nicht wahrnehmen, da hier nur Mädchen teilnehmen dürfen.

26

Name	Stemo	Mimo	Brimo	Blumo	Pumo
Alter	500	510	520	540	530
Kuschel-tier	Hund	Dino	Affe	Krokodil	Bär
Zimmer-farbe	blau	grün	gelb	rot	lila

27

Wolfgang machte sich gemütlich auf den Weg, um einen Topf Erdbeeren zu pflücken. Kurze Zeit später kam Else noch dazu. Kaum waren sie losgegangen, kam ein gewaltiger Sturm aus dem Nichts. Dabei flog ein Ziegelstein des Kirchendachs direkt auf den Kopf des Mädchens. Sie bekam eine Beule und kam ins Schwanken. Der Junge konnte sie gerade noch durch eine schnelle Drehung festhalten, bevor sie hunderte von Metern in die Tiefe stürzte. Da sie der Junge anschließend ohne weiteren Zwischenfall heimgeschafft hatte, konnte noch am selben Nachmittag ein geselliges Treffen stattfinden. Kaffee und Kakao standen auf dem Tisch. Wein gab es für die Erwachsenen. Auf den Kuchentellern lag natürlich leckerer Erdbeerkuchen. Bärbel kam abends auch noch vorbei. Sie sah am sternenklaren Himmel eine Sternschnuppe.

28a

3	Iqbal flieht und findet Hilfe
4	Iqbal kämpft für die Befreiung der Kinder
2	Iqbal lebt und arbeitet in der Teppichfabrik
1	Iqbal muss seine Familie verlassen
5	Iqbal wird ermordet
6	Iqbals Lebenswerk lebt weiter

28b Iqbal ist in **Pakistan** geboren.

28c

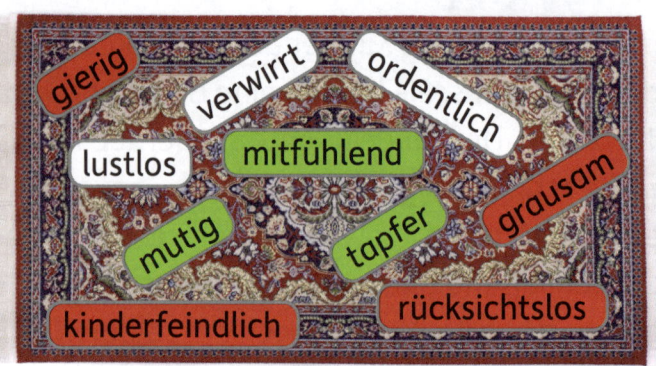

gierig · verwirrt · ordentlich · lustlos · mitfühlend · grausam · mutig · tapfer · kinderfeindlich · rücksichtslos

28d Zeilen: ~~78~~ – 83

Iqbal reist um die Welt, um die Menschen auf die Situation der arbeitenden Kinder in Pakistan aufmerksam zu machen. Er kämpft für die Befreiung der Kinder.

28e Iqbal muss 6 Tage in der Woche und 12 Stunden am Tag arbeiten. In einem Monat arbeitet Iqbal also **~~72~~ Stunden**.

28f

Voraussetzung	= **Bedingung**	Zeile **14**
Fachmann	= **Meister**	Zeile **44**
Moment	= **Augenblick**	Zeile **~~72~~**
Familienmitglieder	= **Verwandte**	Zeile **~~97~~**

28g Folgende Rechte wurden bei Iqbal verletzt:
1, 2, 3, 5, 6, 8.

19d Richtig oder falsch? Kreuze an und trage das Lösungswort unten ein.

	r	f
1. Blauwale filtern das Wasser, um kleine Tiere zu erwischen.	○R	○T
2. Pottwale fressen auch größere Tiere.	○W	○J
3. Pottwale achten nicht aufeinander.	○S	○R
4. Wale können unter Wasser atmen.	○R	○I
5. Blauwale brauchen mehr Platz als Pottwale.	○S	○T
6. Pottwale leben in Schulen zusammen.	○C	○M
7. Barten nennt man die Zähne des Pottwals.	○E	○H
8. Wale sind keine Säugetiere.	○T	○N
9. Pottwale können sehr tief tauchen.	○T	○N
10. Blauwalkälber sind bei der Geburt 7 cm groß.	○T	○E
11. Krills leben auf dem Meeresgrund.	○R	○G
12. Der Blas sieht wie ein Wasserfall aus.	○R	○E

Pottwale haben unter allen Säugetieren das

.

5 6 7 2 12 3 5 9 10   11 10 7 4 1 8

u

20 Fußball

▶ Lies die drei verschiedenen Fußball-Texte.

Text 1: Aus der Geschichte des Fußballs

Bis zum 19. Jahrhundert war Fußball rau, gewaltsam und ungeregelt. Es kam oft zu Toten und Verletzten. Daher wurde das Spielen in den Straßen der Städte immer wieder verboten. Doch es half nichts: Die beliebte Pöbelei* um den Ball war nicht auszurotten.

1863 Gründung des ersten nationalen Fußballverbandes in England. Festlegung erster Regeln: Es wird mit dem Fuß gespielt. Nur der Torwart darf die Hände zu Hilfe nehmen. Es ist verboten, andere Spieler zu treten oder ihnen ein Bein zu stellen.

1870 Begrenzung der Anzahl der Spieler einer Mannschaft auf elf.

1872 Festlegung einer einheitlichen Ballgröße. Erstes offizielles Länderspiel zwischen Schottland und England (Endstand 0:0).

1890 Einführung der Tornetze.

1900 Gründung des deutschen Fußballbundes.

1930 Erste Fußball-Weltmeisterschaft in Uruguay.

1934 Erste Teilnahme Deutschlands an einer WM.

1970 Einführung der gelben und roten Karten.

* Pöbelei = Rauferei

Text 2: Technik-Übung mit Mimo: Stoppen mit dem Fuß

Bei langen Pässen hoch durch die Luft kannst du den Ball gut mit dem Fuß stoppen. Lässt du ihn erst aufspringen, kann es bei holprigem Boden sonst passieren, dass er seine Richtung ändert und du den Ball verlierst.

 Trainiere zuerst allein. Lass dazu den Ball auf deinen Fuß fallen und beobachte, was der Ball macht und wie es sich anfühlt. Wiederhole diesen Versuch und verändere deine Fußstellung jedes Mal ein wenig. So bekommst du ein Gefühl für den Ball.

 Falls du bereits ein Ballgefühl besitzt, kannst du auch gleich versuchen, den Ball richtig zu stoppen. Lass den Ball wieder auf deinen Fuß fallen. Genau in dem Moment, in dem der Ball auf deinen Fuß trifft, ziehst du den Fuß zurück. So verliert der Ball seinen Schwung.

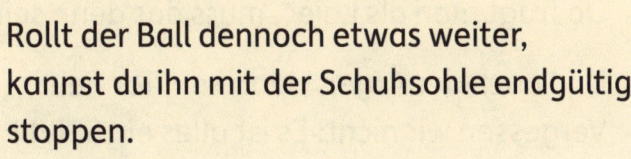 Rollt der Ball dennoch etwas weiter, kannst du ihn mit der Schuhsohle endgültig stoppen.

Text 3: Fußball

22 junge Männer
laufen über grünen Rasen,
manche langsam, manche rasen
alle hinter einem Ball,
so mancher kommt dabei zu Fall.

Der Weg des Balls?
Er soll ins Tor,
doch das kommt äußerst selten vor!

Ein Torwart nämlich bewacht dieses,
und das ist was besonders Fieses!
So geht der Ball recht selten rein,
und wenn, fragt der Trainer: „Musste das sein?"

Am Ende des Spiel schreit der Sieger: Hurra,
der Verlierer ist traurig, das ist doch klar.
90 Minuten lang dauert der Spaß,
und vom ganzen Gelaufe sind alle klitschnass.

Fußball ist der Beruf mancher Leute,
die verdienen viel Geld damit heute.
Es gibt Schlägereien und Pöbelein.
Da fragt man als Laie*, muss das denn sein?

Und auch der Ärger, wenn kein Tor fiel!
Vergessen wir nicht: Es ist alles ein SPIEL!

von Petra Mönter

* Laie = Jemand, der kein Fachmann oder Profi ist.

20a Welche Information findest du in welchem Text?
Kreuze an.

	Text 1	Text 2	Text 3
Der erste Fußballverband wurde in England gegründet.	○	○	○
Ein Fußballspiel dauert 90 Minuten.	○	○	○
Es kann zum Ballverlust kommen, wenn ein Spieler den Ball springen lässt.	○	○	○
Ziel des Fußballspiels ist es, Tore zu schießen.	○	○	○
Die Pöbeleien um den Ball konnten auch durch Verbote nicht abgeschafft werden.	○	○	○
Fußballspielen ist anstrengend.	○	○	○
Eine Fußballmannschaft besteht aus 11 Spielern.	○	○	○
Durch Technik-Übungen kann man das Stoppen mit dem Fuß üben.	○	○	○

→

20b Streiche falsche Sätze durch. Trage die Buchstaben der richtigen Sätze unten der Reihe nach ein. Sie verraten dir das Lösungswort.

- ⚽ Profifußballer verdienen viel Geld. `TO`
- ⚽ Deutschland spielte 1934 das erste Mal bei einer WM in Uruguay mit. `RWA`
- ⚽ Früher war Fußball sehr gewalttätig. `RSC`
- ⚽ Indem man den Fuß im richtigen Moment zurückzieht, verliert der Ball beim Stoppen den Schwung. `HÜT`
- ⚽ Im Spiel gibt es einen Ball einer unbestimmten Größe. `TE`
- ⚽ Mit der Schuhsohle kann man den Ball definitiv stoppen. `ZENK`
- ⚽ Schottland und England spielten 1872 unentschieden. `ÖN`
- ⚽ Seit Beginn des Fußballs hatten Tore Netze. `NER`
- ⚽ Bei langen Pässen stoppt man den Ball am besten mit dem Fuß. `IG`

Lösungswort:

Letztes Jahr war Pumo der _____ .

21 Richtig lesen

▶ Lies dir den Text einmal ganz durch.

1 Auch wenn dir ein Text besonders einfach vorkommt, Fernseher, CD-Player, iPod und so weiter lenken dich ab und du kannst dir nicht so viel von dem Gelesenen merken. Notfalls musst du auch Fenster oder Türen schließen.

Die Beleuchtung spielt ebenfalls eine große Rolle. Im Halbdunkeln strengt dich das Lesen viel mehr an und es leidet deine Konzentration. Sorge also immer für ausreichendes Licht, sowohl tagsüber als auch abends im Bett.

Am besten liest du an deinem Schreibtisch. So kannst du dir besonders viel aus einem Text merken und Fragen zu einem Text gut beantworten. Denn wenn du aufrecht sitzt, ist dein Gehirn bestens mit Sauerstoff und Blut versorgt und ist besonders aufnahmefähig.

2 Unter Zeitdruck oder spät abends, wenn du schon müde bist, merkst du dir weniger. Für das konzentrierte Lesen ist es wichtig, dass du ausgeschlafen bist. Außerdem bist du direkt nach dem Essen meist träge, weil dein Körper viel Energie für die Verdauung benötigt. Teile dir deinen Tag deshalb gut ein, damit du wichtige Informationen eines Textes herausfinden kannst, wenn du dich fit fühlst.

Du musst dich gut konzentrieren können, um Informationen aus einem längeren Text zu bekommen. Das heißt, du musst deine Aufmerksamkeit über einen längeren Zeitraum auf eine bestimmte Tätigkeit, nämlich das Lesen, richten können. Um erfolgreich zu lesen, solltest du versuchen, einen Text mit möglichst wenig Unterbrechungen und Pausen zu lesen. Auf diese Weise werden dir Zusammenhänge besser bewusst und prägen sich leichter ein.

3

Wenn du einen Text über ein bestimmtes Thema liest, ist es am besten, wenn du dir, bevor du mit dem Lesen beginnst, überlegst, was du über dieses Thema schon alles weißt. Je mehr du über ein Thema Bescheid weißt, umso besser kannst du die neuen Informationen in dein bisheriges Wissen einordnen und im Gedächtnis verankern.

4

Motivation bezeichnet den Willen, etwas erreichen zu wollen. Wenn du dich zum Lesen motivieren möchtest, teile deine Lese-Aufgabe in mehrere überschaubare Portionen ein. Romane oder Geschichten haben oft einzelne Kapitel. Überprüfe bei schwierigen Texten nach jedem Abschnitt, ob du den Inhalt des Gelesenen verstanden hast. Lies besonders schwierige Absätze gegebenenfalls erneut.

5

Tipp: Ein Sinnabschnitt ist ein Abschnitt eines Textes, der sich zu einem Gedanken zusammenfassen lässt. Beginnt ein neuer Sinnabschnitt, passt auch eine andere Zwischenüberschrift, die den Inhalt des neuen Abschnitts zusammenfasst.

21a Der Text lässt sich in 5 Sinnabschnitte teilen. Welche Zwischenüberschriften passen zu den einzelnen Abschnitten? Nummeriere die Überschriften.

☐ Wähle den richtigen Arbeitsplatz!

☐ So kannst du dich motivieren!

☐ Teile dir deine Lesezeit ein!

☐ So kannst du dich besser konzentrieren!

☐ Überlege, was du schon weißt!

21b Was bedeuten diese Wörter? Kreuze an.

Konzentration
- ○ Zentrale
- ○ Aufmerksamkeit
- ○ Bewegung

Motivation
- ○ etwas erreichen wollen
- ○ etwas zurückführen
- ○ etwas festmachen

21c Verbinde Satzanfang und Satzende richtig.

Sorge beim Lesen ... ●— —● ... kannst du dich oft schlechter konzentrieren.

Andere Geräuschquellen ... ●— —● ... für ausreichende Beleuchtung.

Nach dem Essen oder nachts ... ●— —● ... lenken dich leicht ab.

Zusammenhänge werden dir besser bewusst, ... ●— —● ... kannst du dir neue Informationen besser merken.

Wenn du dir überlegst, was du über ein Thema weißt, ... ●— —● ... lies den entsprechenden Absatz erneut.

Teile einen Text in überschaubare Portionen ein, ... ●— —● ... wenn du einen Text mit möglichst wenig Unterbrechungen liest.

Wenn du etwas nicht verstanden hast, ... ●— —● ... dann kannst du dein Ziel leichter erreichen.

22 Mimo und Pumo auf Verbrecherjagd

Wieder hat der bekannte Bankräuber Charlie Schlitzohr zugeschlagen. Diesmal genau in dem Moment, als auch Mimo und Pumo in der Bank waren. Jetzt sind sie ihm auf den Fersen und verfolgen ihn. Zum Glück hinterlässt er viele Spuren.

> Für diese Aufgabe benötigst du die Karte, die sich auf der letzten Seite dieses Heftes befindet. Schneide sie am besten heraus!

▶ Fange auf der nächsten Seite bei der Zahl ❶ zu lesen an und vergleiche mit der Karte. Folge so dem richtigen Weg auf der Karte.

Die Zahlen auf der Karte sagen dir, bei welcher Nummer du weiterlesen musst. Viel Erfolg bei der Verbrecherjagd.

1 Start: Mimo und Pumo beginnen ihre Verfolgungs-jagd in dem Gebäude, das Charlie Schlitzohr soeben ausgeraubt hat. Es befindet sich am Kirchplatz beim Brunnen. (Tipp: Sieh auf der Karte nach, wo Mimo und Pumo starten. Die Zahl verrät dir, bei welcher Zahl du weiterlesen sollst.)

2 Dies ist das südliche Seeufer. Lies bei Nummer 5 noch einmal, wohin Charlie lief.

3 Charlie Schlitzohr blieb nicht beim Steinhaufen stehen. Lies noch einmal bei Nummer 12, wohin er weiterging.

4 Über diese Brücke können auch Autos fahren. Lies bei Nummer 21 nach, welchen Weg Charlie Schlitzohr nahm.

5 Charlie ist die Autofahrt nicht ganz geheuer. Er weiß nicht, ob der Autofahrer nicht etwas ahnt oder im Radio gehört hat, dass er gesucht wird. Deshalb steigt er aus und läuft zum östlichen Seeufer.

6 Wenn er auf dieser Bank sitzt, blickt er vom See weg. Lies bei Nummer 22 nach, wohin er sieht.

7 Überlege genau, was Charlie Schlitzohr ausraubte. Lies noch einmal den Text auf Seite 53 oben und, was bei Nummer 1 steht.

8 An diesem Haus befindet sich kein Balkon. Das kann nicht Charlies Haus sein. Lies noch einmal bei Nummer 15 nach.

9 Dieses Boot bekam er anscheinend nicht los, denn seine Fußspuren führen weiter Richtung Wald. Und zwar in den Wald, in dem es bis auf einen Laubbaum nur Nadelbäume gibt.

10 Hier ist Charlie nicht gewesen. Er lief von der ausgeraubten Bank aus über die Fußgängerbrücke und traf beim Steinhaufen auf die Straße. Lies dir diese Beschreibung auch noch mal genau bei Nummer 12 durch.

11 Dies ist das nördliche Seeufer. Lies bei Nummer 5 noch einmal, wohin Charlie lief.

12 Charlie Schlitzohr lief offensichtlich wirklich über die Fußgängerbrücke. Am anderen Ufer sehen Mimo und Pumo deutlich seine Fußspuren. Sie führen weiter geradeaus, links an dem Steinhaufen vorbei und treffen dann auf die Straße. Dort enden die Fußspuren.

13 Dieser Autofahrer könnte nur im Osten die aufgehende Sonne betrachten. Lies noch einmal bei Nummer 27.

14 Charlie Schlitzohr lief über die Fußgängerbrücke und dann geradeaus. Lies noch einmal bei Nummer 12, wohin er weiterging.

15 Mimo und Pumo haben Glück. In Charlies Geld-beutel befindet sich zwar kein Ausweis, jedoch trägt er immer ein Foto seines geliebten Hauses mit sich. Die beiden sind sich auch sicher, dass sich Charlie Schlitzohr inzwischen dort versteckt. In seinem Haus kann ihn niemand stören, denn er wohnt ganz allein dort. Und er liebt den Blick von seinem Balkon, um die Leute zu beobachten, die in die Geschäfte zum Einkaufen gehen. So schnell wie möglich laufen sie über die Fußgängerbrücke zum besagten Haus!

16 Dies ist ein Nadelwald. Lies noch einmal bei Nummer 9, wohin Charlie verschwunden ist.

17 Dies ist das westliche Seeufer. Lies bei Nummer 5 noch einmal, wohin Charlie lief.

18 Überlege genau, was Charlie Schlitzohr ausraubte. Lies noch einmal den Text auf Seite 53 oben und, was bei Nummer 1 steht.

19 Charlies Haus befindet sich ganz in der Nähe der Bank, die er ausraubte. Da hätte er sich ja die ganze Verfolgungsjagd sparen können. Aber so hat er nun leider Pech gehabt. Denn du hast ihn gemeinsam mit Mimo und Pumo verfolgt. Die beiden haben bereits die Polizei verständigt. Gratulation! Ihr habt den Dieb aufgespürt.

20 Dieses Boot ist im Wasser verankert. Lies bei Nummer 23, welches gemeint ist.

21 Bewohner meinen gesehen zu haben, in welche Richtung Charlie flüchtete. Sie geben Mimo und Pumo den Hinweis, bei der Fußgängerbrücke nachzusehen.

22 Charlie Schlitzohr wiegt sich anscheinend in Sicherheit und wird unachtsam. Auf einer Bank, von der er einen guten Blick auf den See hat, verliert er seinen Geldbeutel.

23 Am östlichen Ufer überlegt er kurz, ob er wieder zurück zu dem Boot am Fluss soll. Er entscheidet sich jedoch dagegen, denn dieses wäre zu weit weg, und wählt das Boot, welches am Ufer des Sees festgebunden ist.

24 Von diesem Balkon blickt man auf den Friedhof. Dies ist nicht Charlies Haus. Lies noch einmal bei Nummer 15 nach.

25 Dieses Boot war Charlie Schlitzohr zu weit weg. Lies bei Nummer 23, welches gemeint ist.

26 Diese Bank raubte Charlie Schlitzohr nicht aus. Lies noch einmal genau, was bei Nummer 1 steht.

27 Da seine Fußspuren hier enden, muss Charlie in ein Auto gestiegen sein. Er befindet sich in dem Auto, das jetzt gerade Richtung Sonnenuntergang fährt. Wie er das nur geschafft hat.

28 Dieser Autofahrer könnte nur die aufgehende Sonne betrachten. Lies noch einmal bei Nummer 27.

A

23 Das kluge Gretel

1 Es war eine Köchin, die hieß Gretel. Ihr Herr sagte
2 einmal zu ihr: „Gretel, heut Abend kommt ein Gast,
3 richte mir zwei Hühner fein wohl zu." „Will es schon
4 machen, Herr", antwortete Gretel. Nun stach es die
5 Hühner ab, brühte sie, rupfte sie, steckte sie an den
6 Spieß und brachte sie zum Feuer, damit sie braten
7 sollten. Die Hühner fingen an, braun und gar zu
8 werden, aber der Gast war noch nicht gekommen.
9 Da rief Gretel dem Herrn: „Kommt der Gast nicht, so
10 muss ich die Hühner vom Feuer tun, ist aber
11 jammerschade, wenn sie nicht bald gegessen
12 werden." Sprach der Herr: „So will ich nur selbst
13 laufen und den Gast holen."
14 Als der Herr ihr den Rücken gekehrt hatte, legte
15 Gretel den Spieß mit den Hühnern beiseite und
16 dachte: „So lange da beim Feuer stehen, macht
17 schwitzen und durstig, wer weiß, wann die kommen!
18 Derweil spring ich in den Keller und tue einen Schluck."
19 Lief hinab und tat einen ernsthaften Zug.
20 Nun ging es und stellte die Hühner wieder übers
21 Feuer. Weil aber der Braten so gut roch, dachte
22 Gretel: „Es könnte etwas fehlen, versucht muss er
23 werden!", schleckte mit dem Finger und sprach: „Ei,
24 was sind die Hühner so gut! Ist ja Sünd und Schand,
25 dass man sie nicht gleich isst!" Lief zum Fenster,
26 ob der Herr mit dem Gast noch nicht käme, aber es

27 sah niemand; stellte sich wieder zu den Hühnern,
28 dachte: „Der eine Flügel verbrennt, besser ist es,
29 ich esse ihn weg." Also schnitt es ihn ab und aß ihn
30 auf, und er schmeckte ihm; und wie es damit fertig
31 war, dachte es: „Der andere muss auch herab, sonst
32 merkt der Herr, dass etwas fehlt."
33 Wie die zwei Flügel verzehrt waren, ging es wieder
34 und schaute nach dem Herrn und sah ihn nicht. „Wer
35 weiß", fiel ihm ein, „sie kommen wohl gar nicht und
36 sind wo eingekehrt."
37 Also lief es noch einmal in den Keller, tat einen
38 ehrbaren Trunk und aß das eine Huhn in aller Freu-
39 digkeit auf. Wie das eine Huhn hinunter war und der
40 Herr noch immer nicht kam, sah Gretel das andere
41 an und sprach: „Wo das eine ist, muss das andere
42 auch sein, die zwei gehören zusammen." Also tat
43 es noch einen herzhaften Schluck und ließ das
44 zweite Huhn wieder zum andern laufen.
45 Wie es so im besten Essen war, kam der Herr daher
46 gegangen und rief: „Eil dich, Gretel, der Gast kommt
47 gleich nach." „Ja, Herr, will es schon zurichten",
48 antwortete Gretel. Der Herr sah indessen, ob der
49 Tisch wohl gedeckt war, nahm das große Messer,
50 womit er die Hühner zerschneiden wollte, und
51 wetzte es auf dem Gang.
52 Indem kam der Gast, klopfte sittig und höflich an der
53 Haustür.

54 Gretel lief und schaute, wer da war, und als es den
55 Gast sah, hielt es den Finger an den Mund und
56 sprach: „Still! Still! Macht geschwind, dass Ihr wieder
57 fortkommt, wenn euch mein Herr erwischt, so seid
58 Ihr unglücklich; er hat euch zwar zum Nachtessen
59 eingeladen, aber er hat nichts anders im Sinn, als
60 euch die beiden Ohren abzuschneiden. Hört nur,
61 wie er das Messer dazu wetzt." Der Gast hörte das
62 Wetzen und eilte, was er konnte, die Stiegen wieder
63 hinab.
64 Gretel war nicht faul, lief schreiend zu dem Herrn
65 und rief: „Da habt Ihr einen schönen Gast einge-
66 laden!" „Ei, warum, Gretel? Was meinst du damit?"
67 „Ja", sagte es, „der hat mir beide Hühner, die ich
68 eben auftragen wollte, von der Schüssel genommen
69 und ist damit fortgelaufen."
70 „Das ist eine feine Weise!", sprach der Herr, und es
71 ward ihm leid um die schönen Hühner. „Wenn er mir
72 dann wenigstens das eine gelassen hätte, damit mir
73 was zu essen geblieben wäre."
74 Er rief ihm nach, er sollte bleiben, aber der Gast tat,
75 als hörte er es nicht. Da lief er hinter ihm her, das
76 Messer noch immer in der Hand, und schrie: „Nur
77 eins! Nur eins!", und meinte, der Gast sollte ihm nur
78 ein Huhn lassen und nicht alle beide nehmen; der
79 Gast aber lief, als wenn Feuer unter ihm brennen
80 würde, damit er sie beide heimbrächte.

von den Brüdern Grimm

23a Was bedeuten folgende Wörter oder Ausdrücke? Schreibe auf, in welcher Zeile du sie gefunden hast und kreuze die richtige Bedeutung an.

„Ist ja Sünd und Schand" bedeutet: Zeile ☐

◯ Ist ja unverschämt.   ◯ Ist ja schade.   ◯ Ist ja schuldig.

„sittig" bedeutet: Zeile ☐

◯ laut   ◯ gierig   ◯ brav

„feine Weise" bedeutet: Zeile ☐

◯ weiße Feinde   ◯ höfliches Verhalten   ◯ Weisheit

> Gibt es noch andere Wörter, die du nicht verstanden hast? **Finde** mit Hilfe deiner Eltern, einem Wörterbuch oder dem Internet **heraus**, was sie **bedeuten**.

23b Ergänze die fehlenden Wörter!

a) Also lief es _____ ,
   tat einen _____ und ...

b) ... nahm das _____ ,
   womit er die Hühner _____ wollte,
   und wetzte es auf dem Gang.

23c Finde im Text andere Wörter für folgende Bezeichnungen.
Schreibe dazu, in welcher Zeile du die Wörter gefunden hast.

> Tipp: Das erste Wort findest du
> auf der ersten Seite des Märchens,
> das zweite auf der zweiten ...

bedauerlich = _____ Zeile: _____

Schluck = _____ Zeile: _____

Treppen = _____ Zeile: _____

23d Welche Adjektive passen zu Gretel und welche zu dem Gast?
Male die Felder in den richtigen Farben an.
Gretel = grün   Gast = blau

> Tipp: Einige Wörter passen
> zu keinem von beiden!

hinterlistig

durstig

einfallsreich

schnell

furchtsam

lieblos

gierig

einfühlsam

mutig

23e Welche Sätze passen zu dem Märchen?

▶ Streiche falsche Sätze durch.

▶ Bringe die übrigen Sätze in die richtige Reihenfolge und schreibe das Lösungswort auf.

☐ Der Gast denkt, ihm sollen die Ohren abgeschnitten werden. PEN

☐ Gretel bereitet zwei Hühner zu. LA

☐ Der Gast will von dem Herrn ein Huhn haben. PA

☐ Gretel erzählt dem Herrn, dass der Gast ein Dieb sei. AP

☐ Der Herr geht den Gast abholen. USC

☐ Die Hühner werden im Backofen gebraten. SCH

☐ Gretel hebt die Hühner auf. LAH

☐ Gretel verspeist beide Hühner. HL

Lösungswort:

1	2	3	4	5

Wen will der Gast sicher heimbringen?

Seine _____

f

Mimo und Pumo fahren mit ihren Freunden Blumo, Stemo und Brimo in den Sommerferien in eine Ferienfreizeit. Das Ferienlager ist an einem See gelegen und bietet ein sehr umfangreiches und interessantes Freizeitprogramm an.

Es gibt Kurse zum Malen, Basteln, Theaterspielen und Tanzen, ebenso Workshops zum Herstellen einfacher Instrumente oder zur Fotoentwicklung. Für besonders Mutige werden eine Höhlenerkundung und ein Steilwandkletterkurs geboten. Leseratten können sich an einem Vorlesewettbewerb beteiligen oder in der Literaturwerkstatt selbst Bücher herstellen. Auf dem See kann man Wasserskifahren und Segeln ausprobieren. Auch Tierliebhaber kommen nicht zu kurz. Der im Ferienlager gelegene Bauernhof lädt dazu ein, im Stall mitzuhelfen oder einen Ponyreitkurs zu machen. Bei einem Ausflug zu einer Burg können die Monsterchen einen Tag Ritter spielen und an einem richtigen Ritteressen teilnehmen. Wer es richtig anstrengend möchte, kann sich zu einer Bergtour anmelden. Diese ist auch mit einer Übernachtung auf einer Berghütte möglich.

Wie bereits im letzten Jahr heißt es wieder: rechtzeitig für die entsprechenden Angebote anmelden, denn viele Kurse sind sehr schnell ausgebucht. Der Renner im letzten Jahr war der Ritterausflug zur Burg. Dicht gefolgt von dem Segelkurs. Auf dem letzten Platz landete die Höhlenerkundung. Aber auch der Trommelkurs war nur ein wenig beliebter. Das Malen landete auf dem dritten Platz von unten. Auf dem Platz davor war die Literaturwerkstatt. Am drittbeliebtesten war der Reitkurs. In der Beliebtheit gleich dahinter waren der Kletterkurs, das Wasserskifahren und der Fotokurs.

24a Erinnerst du dich noch, was die Namen Mimo und Pumo bedeuten? Dann kannst du bestimmt auch die Namen ihrer Freunde erraten.
Das bedeuten ihre Namen:

Tipp: Falls nicht, lies auf Seite 2 nach.

Blumo: _____

Stemo: _____

Brimo: _____

24b Erstelle eine Rangliste mit den 10 beliebtesten Angeboten der Ferienfreizeit im letzten Jahr.

Platz	Angebot
1	
2	
3	
4	
5	

Platz	Angebot
6	
7	
8	
9	
10	

25 Ferienangebote

▶ Lies dir die folgenden Angebote genau durch.

A Hexennacht ab 9 Jahren

Anmeldung: bis 26.6. unter 08542-35 23 89

Beschreibung: Wir beginnen in der Abenddämmerung mit einem Hexentanz um das Lagerfeuer. Zur Stärkung gibt es Stockbrot und Hexenpunsch. Wenn es dunkel ist, gruseln wir uns bei einer Nachtwanderung durch den Wald. Ob uns dabei wohl auch Waldgeister begegnen? Hexengeschichten und Spiele, damit du eine richtige Hexe werden kannst, begleiten dich, bis du müde bist und dich in eines der Zelte kuschelst.

Mitbringen: Schlafsack, Isomatte, Waschzeug

Zeit: 5.8. um 17.00 Uhr (Infostand) bis 6.8. um 11.00 Uhr

Kosten: 15 Euro

B Kajakkurs: Juni bis August samstags von 14 – 16 Uhr

Unter professioneller Anleitung wird der erste spielerische Kontakt mit dem Boot zum Erfolg. Ein- und Aussteigen, Steuern, Bremsen, Rasen – die Junioren genießen es, unabhängig von den Großen im eigenen Boot paddeln zu können.

Anmeldung: jeden Freitagnachmittag beim Bootsstand

Preis: inkl. Boot, Ausrüstung 12,- EUR pro Teilnehmer

C Literaturwerkstatt

Täglich findet in der Bibliothek der Literaturworkshop statt. Ohne Anmeldung kann jeder dazukommen, der sich für Bücher interessiert. Du lernst alles rund um das Thema Bücher. An einigen Nachmittagen kommen richtige Autoren zu Besuch. Du kannst deine eigenen Geschichten, Gedichte oder Märchen veröffentlichen und lernst, wie man ein Buch bindet.

D Wochenende auf dem Bauernhof

Tagsüber kannst du alles mitmachen, was es auf einem Bauernhof zu erleben gibt. Du lernst wie man Kühe melkt, wo die Hühner ihre Eier legen und wo sich die kleinen Katzenbabys verstecken. Auch beim Ausmisten des Stalls und beim Heu einholen kannst du dabei sein.

Abends kocht ihr gemeinsam. Es gibt lustige Spiele und Geschichten am Lagerfeuer. Ihr übernachtet in einer alten Scheune. Aufgrund der Gemeinschaftsunterkunft sind diese Wochenenden nur für Mädchen.

Termine: an folgenden Wochenenden: 20./21.7. oder 2./3.8. oder 16./17.8.

Kosten: 40 Euro

Anmeldung: immer am Montag davor unter 08542-35 23 89

▶ Beantworte die Fragen. Oft reicht es, wenn du den Buchstaben des jeweiligen Angebots notierst (A, B, C, D).

1 Wo lernt man das richtige Ein- und Aussteigen? _____

2 Was kann man unter der Nummer 08542-35 23 89 buchen? _____

3 Wo muss man sich nicht anmelden? _____

4 Wo wird gemeinsam gekocht? _____

5 Freitag früh überlegt Mimo, was sie am Wochenende im Freizeitlager machen möchte. Welche Angebote kommen in Frage? _____

6 Wo brauchst du einen Schlafsack? _____

7 Wo gibt es ein Lagerfeuer? _____

8 Wie heißt das Boot, in dem du paddeln lernen kannst?
_____

9 Pumo möchte ein Angebot mitmachen. Welches Angebot kann er nicht wahrnehmen? _____
Warum? _____
_____

C

26 Wer schläft wo?

Im Ferienlager angekommen sucht sich jeder der fünf
Freunde Mimo, Pumo, Brimo, Blumo und Stemo ein
farbiges Zimmer aus. Finde heraus, wer in welchem Zimmer
schläft, wie alt die Monsterchen sind und welche Kuscheltiere sie dabei haben.

▶ Lies dir zuerst alle Informationen auf
der nächsten Seite durch. Pumo gibt
dir hilfreiche Tipps.

Meine Tipps:
Um das Rätsel zu lösen, gehe
folgendermaßen vor:

- Lies **Satz für Satz** und **unterstreiche**
  das Wichtigste.

- Trage in die Tabelle auf Seite 71 ein,
  was du sicher weißt.

- **Kreuze** die Sätze, die du verwendet hast, **an**.

- **Streiche** die Dinge **durch**, die du in die
  Tabelle eingetragen hast.

- **Lies** dann die übrig gebliebenen Sätze **noch
  einmal** durch und ergänze die Tabelle.

Informationen über die Monster

◯ Pumo ist nicht der Jüngste.

◯ Mimo ist 510 Jahre alt.

☒ Der <u>Affe</u> schläft im <u>mittleren Zimmer</u>.

◯ Mimos Zimmer hat eine grüne Tür.

◯ Ein Junge lebt im linken Zimmer.

☒ Das Zimmer mit der <u>blauen Tür</u> ist ganz <u>links</u>.

◯ Die 540-Jährige wohnt neben dem Zimmer mit der gelben Tür.

◯ Mimo schläft zwischen Brimo und Stemo.

◯ Der Dino gehört zu dem Zimmer mit der grünen Tür.

◯ Ein Junge ist 530 Jahre alt, der andere 500.

◯ Brimo hat einen Affen als Kuscheltier.

◯ Das grüne Zimmer befindet sich zwischen dem blauen und dem gelben Zimmer.

◯ Blumo ist die Älteste.

◯ Das Krokodil lebt im zweiten Zimmer von rechts.

◯ Ein Junge wohnt im lila Zimmer.

◯ Der Hund wohnt neben dem Dino.

Jungen: **Mädchen:**

Stemo   Pumo   Blumo   Mimo   Brimo

Alter: 500, 510, 520, 530, 540 Jahre

Türfarbe:

Kuscheltiere:

▶ Wer schläft in welchem Zimmer, ist wie alt und hat welches Kuscheltier dabei? Fülle die Tabelle aus.

Name					
Alter					
Kuschel-tier			**Affe**		
Zimmer-farbe	**blau**				

27 Versteckte Tiere

In dieser etwas unsinnigen Geschichte sind 20 Tiere
versteckt. Ein Tier hat Pumo für dich schon unterstrichen.
Wie viele findest du?

> Tipp: Manche Tiernamen gehen
> über zwei oder drei Wörter.

▶ Unterstreiche die gefundenen Tiere.

Wolfgang machte sich gemütlich auf den Weg, um
einen Topf Erdbeeren zu pflücken. Kurze Zeit später
kam Else noch dazu. Kaum waren sie losgegangen,
kam ein gewaltiger Sturm aus dem Nichts. Dabei
flog ein Ziegelstein des Kirchendachs direkt auf den
Kopf des Mädchens. Sie bekam eine Beule und kam
ins Schwanken. Der Junge konnte sie gerade noch
durch eine schnelle Drehung festhalten, bevor sie
hunderte von Metern in die Tiefe stürzte. Da sie der
Junge anschließend ohne weiteren Zwischenfall heimgeschafft hatte, konnte noch am selben Nachmittag
ein geselliges Treffen stattfinden. Kaffee und Kakao
standen auf dem Tisch. Wein gab es für die Erwachsenen. Auf den Kuchentellern lag natürlich leckerer
Erdbeerkuchen. Bärbel kam abends auch noch vorbei.
Sie sah am sternenklaren Himmel eine Sternschnuppe.

Affe, Amsel, Bär, Dachs, Ente, Esel, Eule, Hamster, Hund, Kamel, Maus
Pferd, Reh, Schaf, Schaf, Schwan, Schwein, Tiger, Wal, Wolf, Ziege

28 Iqbal, der Weber

▶ Lies dir den Text aufmerksam durch.

1   Als Iqbal vier Jahre alt war, sollte sein ältester
2   Bruder heiraten und selbst eine Familie
3   gründen. Jede pakistanische Familie möchte
4   für ihren ältesten Sohn eine große Hochzeits-
5   feier ausrichten, so ist es dort üblich. Doch eine
6   große Feier kostet viel Geld, Geld, das eine arme
7   Familie nicht besitzt. Iqbals Vater überlegte: „Ich
8   muss mir Geld leihen, und versuchen, es später
9   zurückzuzahlen." Und so geschah es. Iqbals Vater
10 fand einen reichen Herren – er ist der Besitzer
11 einer Teppichweberei – , der bereit war, ihm das
12 Geld für die Hochzeit zu leihen. „Gut", sagte der
13 Teppichfabrikant, „du kannst das Geld haben.
14 Aber nur unter einer Bedingung: Du schickst mir
15 eines deiner Kinder, es kann bei mir arbeiten und
16 so den Kredit abbezahlen." Iqbals Vater zögerte
17 kurz. „Einverstanden", sagte er nach einer Weile.
18 Als der Vater wieder nach Hause ging, überlegte
19 er: „Gut, das Geld habe ich jetzt, mein Ältester
20 kann eine große Hochzeit feiern. Jetzt kann jeder
21 sehen, dass ich ein tüchtiger Familienvater bin.
22 Und Iqbal ist auch versorgt, schließlich kann er
23 in der Teppichfabrik allerhand lernen." Auch der
24 Teppichweber war sehr zufrieden, bald würde
25 noch ein Kind in seiner Fabrik arbeiten, für das
26 er weit weniger Lohn als für einen erwachsenen
27 Arbeiter zahlen müsste. Dazu kommt, dass von

1

28 Kindern geknüpfte Teppiche einen noch höheren
29 Preis erzielen, da sie mit ihren kleinen Händen
30 besonders fest und ordentlich knüpfen können.

31 Wenige Tage später ist es so weit. Iqbal wird von **2**
32 dem Teppichfabrikanten abgeholt. „Iqbal", sagte
33 der Teppichfabrikant, „pass gut auf! Von jetzt an
34 gehörst du zu mir. Du tust, was ich dir sage, und
35 wehe, du bist nicht folgsam und arbeitest nicht
36 fleißig. Frag' die anderen Kinder, sie werden dir
37 schon berichten, wie ich mit unfolgsamen Kindern
38 umgehe." Iqbal sieht sich in dem düsteren Raum
39 um und erschrickt. Tatsächlich, in der Werkstatt
40 sitzen dicht gedrängt viele Mädchen und Jungen,
41 die meisten kaum älter als er selbst, und knüpfen
42 Teppiche. Einige sind sogar angekettet. Iqbal
43 bekommt einen Platz zugewiesen; der Teppich-
44 fabrikant lässt einen Meister kommen, der Iqbal
45 zeigt, wie man Teppiche knüpft. Nach einigen
46 Tagen ist Iqbal bereits sehr geschickt und arbeitet
47 flink. Doch dann schmerzt ihn sein Rücken immer
48 mehr, er ist müde und hungrig und möchte zurück
49 zu seiner Familie. „Was, du willst nach Hause?",
50 fährt ihn der Teppichfabrikant an, „sieh nur zu,
51 dass du ordentlich arbeitest, schließlich habe
52 ich deinem Vater eine Menge Geld geliehen, das
53 will ich wiederbekommen! Los, an die Arbeit!"
54 So kommt es, dass Iqbal sechs Tage in der Woche
55 zwölf Stunden am Tag arbeiten muss. Iqbal ist
56 sehr bedrückt. Was soll er tun? Er kann nicht

57 fliehen, er ist angekettet. Auch den anderen
58 Kindern in der Werkstatt geht es schlecht, sie
59 hungern, haben wenig anzuziehen und werden
60 immer wieder geschlagen. So vergeht Jahr um
61 Jahr, bis eines Tages – Iqbal ist nun schon zehn
62 Jahre alt – ein Gerücht in die Werkstatt des
63 Teppichfabrikanten dringt. Es sollen Leute in der
64 Gegend unterwegs sein, so heißt es, die Kindern
65 helfen, von ihren Arbeitsstätten zu fliehen.

66 Iqbal überlegt. „Ich kann und will nicht länger   **3**
67 hier arbeiten. Ich will wissen, wie es meiner
68 Familie geht. Ich will endlich frei sein und
69 dorthin zurückgehen. Vielleicht gibt es diese
70 Leute, die uns Kindern helfen, ja wirklich." Iqbal
71 beschließt zu fliehen. Eines Abends ist es so
72 weit. In einem unbemerkten Augenblick streift
73 Iqbal seine Fesseln ab und entkommt. Jetzt heißt
74 es vorsichtig sein und sich ja nicht erwischen
75 lassen! Iqbal hat Glück: Er trifft einen Vertreter
76 des BLLF*, der Organisation, die die arbeitenden
77 Kinder befreit. Mitarbeiter des BLLF bringen ihn
78 in Sicherheit und kümmern sich um ihn. Doch
79 auch nach seiner Befreiung – Iqbal geht jetzt zur
80 Schule – kann er das Leiden der anderen Kinder
81 nicht vergessen. Er will ihnen helfen und die
82 Menschen auf der ganzen Welt auf die arbei-
83 tenden Kinder in Pakistan aufmerksam machen.

84 Im Auftrag des BLLF reist Iqbal in den folgenden   **4**
85 Jahren um die ganze Welt und berichtet vor

---

* BLLF = Bonded Labour Liberation Front (Front zur Befreiung aus der
   Schuldknechtschaft)

→

86 vielen Zuhörern, wie es den arbeitenden Kindern
87 in Pakistan geht. Während Iqbal für die Befreiung
88 der Kinder kämpft, werden immer mehr
89 Menschen auf die Lebens- und Arbeitssituation
90 der Kinder in den Teppichfabriken in Pakistan
91 aufmerksam. Und viele, die gerne einen Teppich
92 gekauft hätten, fangen an zu überlegen: „Wenn
93 diesen Teppich vielleicht ein Kind geknüpft hat,
94 möchte ich ihn lieber nicht kaufen." Und tatsäch-
95 lich, seit 1992 werden Jahr für Jahr weniger
96 Teppiche verkauft.

97 Im April 1995 besuchte Iqbal seine Verwandten **5**
98 und Freunde in Pakistan. Eines Nachmittags, es
99 war der 16. April, war Iqbal mit seinen Freunden
100 auf dem Fahrrad unterwegs. Plötzlich knallt es,
101 Iqbal verspürt einen kurzen, heftigen und sehr
102 schmerzhaften Stich, Blut spritzt und er fällt
103 leblos vom Rad. Iqbal war auf offener Straße
104 erschossen worden. Bis heute weiß man nicht,
105 wer die Täter waren.

106 Iqbals Tod war ein großer Verlust für alle, die für **6**
107 die Rechte der Kinder kämpfen. Doch als nach
108 seinem Tod überall auf der Welt Zeitungen und
109 Fernsehsender über Iqbal berichteten, wurde
110 sein Lebenswerk überall bekannt. Inzwischen
111 setzen sich mehr Menschen als je zuvor gegen
112 die Kinderarbeit ein. In der schwedischen Stadt
113 Lidköping feiern Kinder und Jugendliche jedes
114 Jahr den 16. April als „Iqbal Day".

28a Zu jedem Abschnitt passt eine Überschrift. Nummeriere die Überschriften! ⑥

☐ Iqbal flieht und findet Hilfe

☐ Iqbal kämpft für die Befreiung der Kinder

☐ Iqbal lebt und arbeitet in der Teppichfabrik

☐ Iqbal muss seine Familie verlassen

☐ Iqbal wird ermordet

☐ Iqbals Lebenswerk lebt weiter

28b In welchem Land ist Iqbal geboren?. ①

_____

28c Welche Adjektive passen zu wem? Male die Felder in den richtigen Farben an. ⑦

Iqbal = grün   Teppichfabrikant = rot

Tipp: Einige Adjektive passen zu keinem von beiden!

gierig   verwirrt   ordentlich   lustlos   mitfühlend   mutig   tapfer   grausam   kinderfeindlich   rücksichtslos

28d An welcher Stelle des Textes wird klar, dass Iqbal mitfühlend ist? Gib die entsprechenden Zeilen an. ②

Zeilen: _____

Was macht er, um anderen Kindern zu helfen?

_____

_____

28e Wie viele Stunden muss Iqbal in einer Woche arbeiten? ①

_____

28f Finde im Text andere Wörter für folgende Bezeichnungen. Schreibe dazu, in welcher Zeile du die Wörter gefunden hast. ⑧

Voraussetzung = _____ Zeile: _____

Fachmann = _____ Zeile: _____

Moment = _____ Zeile: _____

Familienmitglieder = _____ Zeile: _____

> Tipp: Das erste Wort findest du auf der ersten Seite des Textes, das zweite auf der zweiten usw.

Einige wichtige Kinderrechte aus der Kinderrechts-konvention von 1989 findest du hier. Insgesamt gibt es 54, die für alle Kinder dieser Welt gelten.

Welche Rechte wurden bei Iqbal verletzt? Schreibe die entsprechenden Zahlen auf.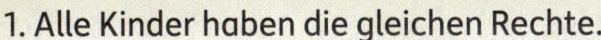

1. Alle Kinder haben die gleichen Rechte.

2. Jedes Kind darf seine Meinung frei äußern.

3. Keinem Kind darf Gewalt angetan werden.

4. Alle Kinder haben das Recht auf Schutz im Krieg.

5. Jedes Kind hat das Recht, zur Schule zu gehen und eine Ausbildung zu machen.

6. Jedes Kind hat das Recht, bei seinen Eltern zu leben – oder Vater und Mutter zu treffen.

7. Behinderte Kinder haben ein Recht auf besondere Fürsorge und Förderung.

8. Niemand darf Kinder ausnutzen.

Von 32 Punkten habe ich _____ **Punkte erreicht!**

B

Häufige Wörter

Liebe Eltern, bitte helfen Sie Ihrem Kind bei dieser Übung!
So kann es sein Lesetempo steigern!

Unten stehen 100 Wörter, die beim Lesen und Schreiben
sehr häufig gebraucht werden! Lies die Wörter laut vor!

 Ein Erwachsener soll mit der Uhr stoppen,
wie lange du brauchst!

und	eine	weil	bei	also
des	von	wer	wenig	bin
auch	dem	wir	dich	bist
einer	wieder	durch	du	welcher
dass	als	ab	ich	ganz
der	zu	wann	mich	dein
aber	nicht	welche	ob	wo
auf	hat	wenn	zusammen	euer
wem	das	wie	ist	man
wen	mit	hier	werden	mein
er	sich	weiter	ein	nur
die	am	dann	den	mir
für	oft	hinter	im	nein
an	so	ihm	aus	unten
bis	über	kein	denn	nun
nach	um	nichts	dir	sein
keine	uns	nie	doch	seit
was	vom	oder	euch	sind
ihr	vor	schon	hin	viel
jede	warum	sehr	immer	zum

80

Trage die Zeit ein!

1. Versuch: ☐ **Sekunden**

Übe nun und lies vier Tage lang die Liste täglich dreimal laut vor!

Lies im Anschluss daran einmal laut vor und lasse wieder einen Erwachsenen die Zeit beim Vorlesen messen!

Trage die Zeit ein!

2. Versuch: ☐ **Sekunden**

Bist du schneller? ☺ ja ☹ nein

Übe nun und lies vier Tage lang die Liste täglich dreimal laut vor!

Lies im Anschluss daran einmal laut vor und lasse wieder einen Erwachsenen die Zeit beim Vorlesen messen!

Trage die Zeit ein!

3. Versuch: ☐ **Sekunden**

Bist du schneller? ☺ ja ☹ nein

Stichwortverzeichnis

Karte für Aufgabe 22

Verfolge den Weg und trage die Zahlen in der richtigen Reihenfolge ein.

1